Bol.com
12-2000

210410
1E

Nouvelle lyrique

Éditions Verdier
11220 Lagrasse

Du même auteur

La Vallée heureuse
traduit par Yvette Z'graggen, éditions de l'Aire /éditions du Griot, 1991

La Mort en Perse
traduit par Dominique Miermont, Payot, 1998

Loin de New York
traduit par Dominique Miermont, Payot, 2000

Orient exils
traduit par Dominique Miermont, Payot, 2000

Annemarie Schwarzenbach

Nouvelle lyrique

Traduction
d'Emmanuelle Cotté

Collection « Der Doppelgänger »

VERDIER

COLLECTION « DER DOPPELGÄNGER »
DIRIGÉE PAR JEAN-YVES MASSON

© Lenos Verlag, Zurich, 1988
Titre original : *Lyrische Novelle*.
Éditions Verdier, 1994, pour la traduction française et la postface.
ISBN : 2-86432-192-0
ISSN : 1158-5544

1

On a vite fait le tour d'une si petite ville. J'ai déjà découvert derrière l'église une ancienne cour pleine de charme, et le meilleur coiffeur de l'endroit, qui habite une rue pavée adjacente. Lorsque je me suis éloigné de quelques pas de sa boutique, je me suis trouvé du même coup à la sortie de la ville, il y avait encore quelques pavillons de brique, la rue était sablonneuse et ressemblait à un chemin de terre. La forêt commençait tout de suite après. Je fis demi-tour, repassai devant l'église : la ville m'était devenue familière. En traversant l'ancienne cour, on arrive dans la rue principale ; maintenant, j'entre dans le café *À l'aigle rouge*, où j'écrirai quelques lignes. Dans ma chambre d'hôtel, je suis toujours tenté de me jeter sur le lit et de regarder passer les brèves heures du jour dans le désœuvrement. Cela me coûte beaucoup d'écrire, car j'ai de la fièvre et ma tête résonne comme sous l'effet de coups de marteau.

Je crois que si je rencontrais quelqu'un ici, je perdrais sur-le-champ tout contrôle de moi-même. Mais je ne dis mot, et je vais et viens sans parvenir à voir clair dans mes sentiments.

Le local me paraît plutôt étrange. En réalité, c'est une pâtisserie avec des rayons où sont exposés des gâteaux, et il y a une vendeuse qui porte un vêtement de laine noire et un tablier blanc. Dans le coin se trouve un poêle de faïence bleu clair, et des banquettes sont adossées au mur, avec des dossiers raides et capitonnés.

Un jeune chien court ici et là en jappant, petit animal délaissé et pitoyable. Une femme aux cheveux gris tente de le caresser, mais il lui échappe en baissant craintivement l'échine. La vieille femme le suit, l'attire avec un morceau de sucre et lui parle sans arrêt à voix haute.

Je crois qu'elle n'a pas toute sa tête. Personne dans le local ne semble lui prêter attention.

Je n'ai encore écrit que deux pages et déjà les douleurs recommencent. Ce sont des points douloureux sur le côté droit, ils cessent dès que je m'étends ou que je bois un alcool fort. Mais je ne veux pas m'étendre, je pourrais écrire si bien maintenant, et cela me décourage d'être là, seul à ne rien faire.

La vieille insensée est partie, j'aimerais voir comment elle traverse la rue, et si elle continue dehors à parler tout haut comme font les mendiantes aux cheveux gris à Paris.

Avant, je ne savais pas distinguer entre les malades et les éthyliques, je les observais avec une sorte d'effroi mêlé de respect. Maintenant je n'éprouve plus d'angoisse devant les êtres pris de boisson. J'ai souvent été ivre moi-même, c'est un état triste et beau, on y voit clair à propos de choses que l'on ne s'avouerait jamais sinon, de sentiments que l'on cherche à cacher et qui ne sont cependant pas ce qu'il y a de pire en nous.

Je me sens un peu mieux maintenant. Je vais devoir demander l'indulgence du lecteur pour ce que j'écris aujourd'hui. Mais Sibylle m'a dit qu'il n'était pas permis que quelque chose demeurât absolument stérile – pas même les expériences les plus amères et les heures entièrement perdues de ma vie. Voilà pourquoi je tiens tellement, même dans cet état d'impuissance, à me laisser aller à ma faiblesse; je la soumettrai plus tard à la critique. Il m'importera alors qu'une fois, d'une manière ou d'une autre, Sibylle me prenne au sérieux.

2

Le plus douloureux pour moi est d'être parti sans avoir pris congé de mon ami Magnus. Il est malade, alité depuis maintenant près de trois semaines, et je l'ai beaucoup négligé. Je l'ai vu voilà quelques jours ; il se portait assez mal. Il était allongé dans la pièce derrière son atelier, le médecin était justement auprès de lui et me serra la main. Il l'examina en silence, étudia la courbe de température et donna des instructions au fils du portier. Ce dernier est un jeune homme de dix-huit ans environ, pâle et maigre, il fait la cuisine pour Magnus et se charge d'ores et déjà de tous les soins. Lorsque vient une visite, il la mène lui-même à l'atelier et disparaît ensuite dans la cuisine. Il reste là jusqu'à ce que Magnus l'appelle. Il lui est très dévoué... Le médecin lui a donné une ordonnance et l'a envoyé à la pharmacie. « Un brave garçon », me dit-il. Et Magnus sourit, et l'on oublia tout simplement ma présence. Le médecin sortit et j'attendis que le garçon revienne de la pharmacie.

« As-tu encore de l'argent ? » demandai-je à Magnus.

« Avons-nous encore de l'argent ? » demanda Magnus au jeune homme qui répondit : « Tu m'as donné dix marks hier, cela nous suffira pour le moment. »

Ils se tutoyaient.

Je partis alors, et quelques jours plus tard, Magnus m'envoya une invitation à dîner d'un diplomate britannique qu'il avait obtenue pour moi, à laquelle il avait joint une lettre. Depuis, je n'ai plus eu de nouvelles de lui.

3

Avant, j'éprouvais sans cesse le besoin de m'expliquer à tout le monde pour pouvoir vivre en accord avec chacun. Et cependant je haïssais toute verbosité. Mais je ne sais pas si je la haïssais parce que j'y succombais continuellement, ou bien parce que je voyais à quel point sont vaines toutes les tentatives de se faire comprendre, même de ses meilleurs amis.

Je dis « avant », et j'entends par là le temps d'il y a trois mois. Je me suis toujours défendu des périodisations purement extérieures parce que je détestais toute discipline imposée. Je dois maintenant m'habituer à ce que les choix soient libres, et c'est comme si j'étais devenu adulte en une seule nuit. La nuit dernière, j'aurais pu voir Sibylle au Walltheater, j'avais en effet le choix. Mais c'est alors que je suis parti. Et avant cette nuit, je n'aurais pas supporté de rester un seul jour ici. Je ne savais rien de la solitude. Je supporte même d'être mal compris de mes amis. Jusqu'ici en effet, mon seul désir avait toujours été de m'assurer la bienveillance de mes amis, et, dans ce but, je gaspillais toute mon amabilité. Et bien plus encore.

C'en est fini, maintenant. Qui sait ce qui en résultera ?

4

Tant pis pour l'humanité, comme dit Strindberg. Voilà quelques mois, j'étais assis dans un salon de thé berlinois en compagnie d'un poète, nous parlions avec enthousiasme et nous nous enthousiasmions de plus en plus de notre mutuelle compréhension. Il était beaucoup plus âgé que moi, j'aurais presque pu être son fils.

Il se pencha au-dessus de la petite table et me tint fermement les mains, il projetait vers moi son extase, son optimisme, sa joie ivre, comme autant de flammes. « Vous êtes la jeunesse, dit-il, la seule jeunesse dont l'avenir et la victoire ne me font pas envie... »

Ses paroles me dégrisèrent un peu. Il parut s'en apercevoir aussitôt, il lâcha mes mains, examina attentivement mon visage et dit : « Savez-vous à quel point vous êtes aimable et menacé ? Vous êtes tout à coup si pâle, dites-moi ce que je peux faire pour vous. » On me dit souvent que je suis en danger. Peut-être à cause de ma trop grande jeunesse.

À cette époque, j'en ai ri. J'ai dit : « J'aime le danger », et je sentais la joie rayonner de mes yeux.

« Maintenant, je dois partir », ai-je dit ; il était minuit, je le quittai en hâte, presque sans prendre congé. Sur le pas de la porte, je pris conscience de l'inconvenance de mon comportement, je revins précipitamment sur mes pas, lui serrai les mains et dis : « Pardonnez-moi, j'attends un grand danger depuis deux jours...

— Allez-y, dit-il en souriant. Surmontez-le... »

Cependant, je ne l'ai pas surmonté.

5

J'ai passé toute l'après-midi dans la forêt. J'ai d'abord couru face au vent à travers un grand champ, c'était épuisant, j'avais froid et la lisière de la forêt fut comme un refuge. Nulle âme qui vive, je me tins soudain immobile, je regardai autour de moi et la solitude automnale du paysage atténua ma tristesse. Le ciel était gris, traversé de rapides nuages plus sombres, des ondées s'abattaient en rafales sur la terre. Et la terre les recevait impassiblement.

Je continuai mon chemin et me heurtai aux lourdes mottes de terre. Mais ensuite je fus dans la forêt, le feuillage bruissait, des buissons nus me frôlaient, je les ployais pour les écarter, le vent était brusquement tombé.

Silencieusement, un animal surgit d'un bond juste en face de moi, c'était un grand lièvre gris-brun ; il bondit avec souplesse, se tapit, puis disparut aussi rapide qu'une flèche à l'intérieur de la forêt. Je vis sa tanière disposée en rond sous les buissons, me penchai et posai les mains à l'endroit où son corps couvert de fourrure s'était étendu. Un peu de sa chaleur animale demeurait, que je sentis avec un bouleversement inconnu. J'inclinai mon visage et le blottis à cet endroit, il y avait là une toute petite respiration et pour ainsi dire comme une poitrine humaine.

Je reviens des champs. La terre colle à mes chaussures, j'avance donc lentement, à la manière d'un paysan.

J'oublie parfois pourquoi je suis ici, en fuite pour ainsi dire, et je m'imagine avoir vécu ici depuis longtemps déjà. Mais si j'étais en effet un paysan, je saurais ce que l'on sème dans ces champs, à combien se chiffre la récolte et quel est le sol le plus fertile. Je ne sais rien de tout cela. Je pense parfois que le savoir des paysans leur vient du ciel parce qu'ils sont pieux, et qu'ils dépendent de ses violences. Je vais comme un étranger à travers les champs, et je ne suis que toléré. Maintenant, je me hais soudain parce que je suis dépourvu de tout engagement envers quiconque. Ici, sur les terres, je comprends *L'Immoraliste* de Gide et je lui suis apparenté, chargé du même péché, livré à une liberté ennemie, imaginaire et vaine.

— Les gens ne savent pas ce qu'est le péché. —

Oui, maintenant, j'ai honte de beaucoup de choses pour lesquelles j'aimerais demander pardon à Dieu. Si seulement j'étais pieux.

6

À Marseille, je connaissais une jeune fille, on l'appelait Angelface. À vrai dire, je l'ai à peine connue car je l'ai seulement vue de nuit, une fois, alors qu'elle se tenait là dans sa chambre, pensant que nous devions être des cambrioleurs, Manuel et moi. Elle dormait à même le sol dans une horrible maison. Le village était à deux stations de tramway de Marseille, sa mère habitait là, et lorsque la jeune fille en avait assez de la ville, des cabarets et des marins, elle revenait auprès de sa mère et vivait paisiblement comme une jeune fille bien élevée. C'est pourquoi on l'appelait Angelface.

Mais nous ajoutions : «... ou la putain du port de Marseille. »

Manuel et moi nous faisions un trajet en Ford. Nous roulions le long de la mer, c'était au milieu de la nuit, et nous voulions rentrer à Marseille. J'étais affamé ; aussi, nous nous arrêtâmes devant la maison d'Angelface et nous la réveillâmes.

Manuel s'était agenouillé sur le sol et avait appuyé ses bras contre le mur.

Il appela : « Angelface ! »

Personne ne répondit. Peu après, elle traversa la chambre, on ne distinguait qu'une ombre blanche qui glissait en direction de la fenêtre. Puis elle pressa son visage blanc contre la toile métallique qui protégeait la fenêtre des moustiques. Je ne pus discerner ses traits, mais je me sentis vaciller sur mes jambes.

« C'est moi, dit Manuel.

— Qui est avec toi ? demanda Angelface.

— Mon ami, dit Manuel.

— Quel âge a-t-il ? demanda Angelface.

— Vingt ans, dit Manuel. Et nous aimerions manger quelque chose.

— Je ne peux pas vous faire entrer, dit Angelface. Ma mère a le sommeil si léger. Mais je vais vous préparer quelques tartines. »

Je retournai à la voiture et attendis Manuel. Puis il apporta les tartines et nous repartîmes.

« Aimes-tu Angelface ? » me demanda Manuel. Et il enchaîna froidement : « Ce n'est pas très original de l'aimer. »

C'était il y a six mois.

Manuel et moi, nous ne nous écrivions jamais. Mais par l'intermédiaire d'un ami, il m'a fait dire qu'Angelface s'était tiré une balle dans la tête.

Et maintenant, je pense qu'il n'est pas très original d'aimer Sibylle. Je pense que personne ne peut lui résister.

7

Je travaillais très régulièrement avant de connaître Sibylle. J'étais debout à sept heures, et lorsque je n'avais aucun collègue à écouter, j'allais à la grande bibliothèque. Le matin, bon nombre de places étaient libres, on m'apportait les livres très rapidement et je commençais aussitôt à lire. La salle de lecture est en demi-cercle et peu éclairée, et les pupitres sont disposés en demi-lune comme autour du siège d'un orateur. J'avais toujours l'idée qu'un orateur aurait dû se tenir là, au centre de la salle, un homme plein d'autorité vers lequel nos yeux se seraient tournés instinctivement, et que ç'aurait été pour nous un apaisement de le savoir là.

Ma place se situait sur le côté gauche, près des fenêtres qui sont voilées par de lourds rideaux. C'est seulement par les après-midi clairs que l'on tirait les rideaux, et alors un peu de soleil pénétrait dans la salle et, hésitant, glissait incolore sur le sol. Il ne m'était pas possible de regarder à l'extérieur, mais le bruit de la rue montait jusqu'à moi et m'attirait. J'imaginais qu'en bas, des voitures allaient, venaient, se doublaient, et que les gens se pressaient vers les restaurants, lisaient les journaux, se sentaient à leur aise, et je rassemblais mes livres et m'en allais.

Personne n'y prêtait attention. Chacun était ici pour soi et ne se préoccupait pas de l'autre.

Je me rendais ensuite dans un restaurant et commandais quelque chose à manger. Et presque toujours j'étais affamé.

8

Mais cela n'eut qu'un temps. Et je passai bientôt le jour entier dans une impatience presque insupportable.

Je ne me consolais qu'à la tombée du soir ; les lumières s'enflammaient, et c'était l'heure où Sibylle s'éveillait.

L'évocation de son nom m'emplissait d'un désir délicieux. Je quittais la bibliothèque, rentrais chez moi et changeais de vêtements. J'avais l'habitude d'aller dîner chez des amis. Je prenais part à leurs discussions, c'étaient des personnes aimables et cultivées, et les soirées fort animées passaient très vite. Je dissimulais mon impatience, mais lorsque je regardais ma montre, il n'était jamais que neuf heures. Le plus souvent, je m'entretenais avec la maîtresse de maison. Je l'aimais beaucoup. Elle connaissait ma mère.

Mais un soir, tout fut soudain très différent. Nous parlions, je crois, de l'Empire allemand du Moyen Âge, de la force symbolique d'un nom qui occupe pourtant si peu d'espace dans la réalité. Je perçus soudain ma voix comme celle d'un étranger, je fus pris d'une bouffée de chaleur, murmurai sans savoir pourquoi le nom de Sibylle, j'aperçus la pâleur infinie de son visage derrière la fenêtre de la salle, courus à la fenêtre et tirai violemment le rideau.

On me considérait avec étonnement. Que s'était-il passé ?

Rien, le visage de Sibylle. Et que savaient-ils de cela, soudain un sentiment d'étrangeté infinie m'arrachait violemment à eux, c'étaient des étrangers qui me regardaient, le sol se fracturait de partout entre nous, la lumière se troublait, leurs dialogues ne parvenaient plus jusqu'à mon oreille, ils se perdaient maintenant eux-mêmes au loin et je ne pouvais rien faire pour les retenir...

Je me souvins avoir souvent vu un changement de décor d'un genre particulier dans la maison du festival de Bayreuth :

tandis que la musique continuait, le rideau demeurait ouvert, mais juste derrière la rampe, des fumées parcourues de lumières multicolores s'élevaient, s'épaississaient, s'enlaçaient les unes aux autres en des flots blanchâtres pour former des murs peu à peu impénétrables qui engloutissaient imperceptiblement la scène. Puis tout devenait calme, les brouillards se dissipaient, la scène réapparaissait, c'était un tout autre paysage qui brillait doucement de l'éclat de la jeune lumière.

À une question que l'on me fit, je répondis, mais je ne sais si ma réponse fut sensée.

Je me levai et allai, soudain tout à fait seul, vers la maîtresse de maison qui me donna la main en souriant.

Une fois dans la rue, je repris mon souffle. Je venais d'échapper à un danger. Personne n'avait remarqué ma fuite.

Il en était ainsi : je leur avais glissé des mains, l'abîme s'était ouvert sous mes yeux ; irrésistiblement attiré, j'avais étendu les bras et m'y étais précipité.

Un jeune garçon me dépassa furtivement, tint sa tête penchée sur le côté et me lança un regard d'exhortation méfiante.

« Vous laissez votre voiture ici ? demanda-t-il. Dois-je la surveiller ? »

Je fis un signe de tête.

« Tu connais donc déjà ma voiture ? » dis-je.

Puis je regardai ma montre.

« Onze heures », dit le jeune garçon. « Onze heures », dis-je avec joie. Et je me hâtai de revenir à ma voiture. Au moment où je sortis les clés de ma poche tout en me demandant par quelle route j'irais au Walltheater, je dus soudain reprendre mon souffle et m'appuyer de la main sur le volant. Le jeune garçon m'observait sévèrement.

Je lui criai : « Monte ! » — et refermai la porte.

Puis je saisis le garçon par les épaules, l'attirai vigoureusement contre moi et mis en même temps le moteur en marche, de la main gauche.

Il se taisait avec obstination et me regardait fixement dans un abandon muet.

9

Est-ce que je pense beaucoup à Sibylle ?

Je dirais que je ne le sais pas, je n'y réfléchis pas, mais en fait je ne l'ai pas encore oubliée un seul instant. C'est comme si je n'avais jamais vécu sans elle. Rien ne nous lie, mais je suis imprégné de sa présence, il m'est arrivé de me souvenir de l'odeur de sa peau ou de sa respiration et c'est comme si je la tenais encore dans mes bras le temps d'une danse, ou comme si elle était assise à mes côtés et qu'il me suffise d'étendre la main pour la toucher. Mais quelque chose pourrait-il nous relier ? Ces longues soirées, ces longues nuits, cet adieu devant sa porte au petit matin, ces solitudes infinies ——

10

Il n'est pas tard encore, mais l'obscurité est tombée comme un rideau sur le pays. Lorsque je songe à la ville, c'est comme si j'avais vécu là-bas sans intuition du monde, je ne sais comment j'ai supporté l'étroitesse, l'uniformité cruelle des murs, la froideur inquiète des maisons et les rues désertes. J'ai dormi et aucun rêve n'est venu me consoler, voilà pourquoi j'étais fatigué à mon réveil. Puis j'étais assis à ma table de travail, et il faisait déjà nuit à nouveau, les phares des voitures balayaient ma fenêtre de haut en bas. La nuit, tout se prolongeait toujours très tard. Parfois, l'aube se levait au moment où je rentrais chez moi. D'abord, il faisait nuit et les phares projetaient leur lumière sur l'asphalte noirâtre. Puis ils pâlissaient lentement, la route devenait plus claire et son éclat s'atténuait. Le ciel agitait des masses grises entre les arbres du Tiergarten. Des nuages, des figures en forme de sacs, de voiles, de coudes, se pressaient dans l'obscurité qui cédait peu à peu, les troncs des arbres semblaient argentés, les vagues de l'aube dansaient entre les branches.

J'aspirais à voir le soleil qui maintenant se levait de toutes parts avec éclat. Mais, dans la ville, on ne le voyait pas. Le ciel était légèrement teinté de rouge, là-bas, à l'est. Tout restait calme.

Je m'arrêtais devant la maison où je demeurais. Un vent doux soufflait autour de moi et rafraîchissait mon visage. C'était le vent du matin. Bientôt il serait enfoui sous le bruit de la ville, sa fébrilité l'étoufferait. J'entrais chez moi, prenais l'ascenseur jusqu'au deuxième étage, traversais le couloir et ouvrais la porte de mon appartement. Je prenais à peine le temps d'ôter mes vêtements et sombrais alors dans le sommeil.

11

Aujourd'hui, je suis impatient et je me hâte sur le chemin du retour comme s'il était possible que quelqu'un m'attende là-bas. Mais cela ne se peut, personne ne sait où je réside, même une lettre ne peut me parvenir. Je vais m'obliger à marcher lentement. J'ai accueilli tant de hâte aveugle en moi. Durant des semaines entières, la ville est entrée en moi de toutes parts, le ciel était couvert, le silence déchiré. Ici, le ciel est incommensurable et si je m'assois sur un monticule de terre ou que je m'adosse contre un arbre, je ne perçois que le murmure du vent.

Je ne puis imaginer qu'il y ait un printemps ou un été aux couleurs éclatantes dans cette contrée mélancolique. Parfois, allongé sur mon lit, je cherche à me représenter de tels paysages et, de l'obscurité, lentement, naît la vision d'un champ houleux ; des épis jaunes se dressent les uns derrière les autres, des chaumes jaunes s'assemblent en une masse ondulante, tel un tapis agité sur la terre brune ; au loin, des moissonneurs ouvrent un chemin en avançant d'un pas lourd ; enfoncés jusqu'aux genoux, ils traversent l'étendue jaune qui bruit sur leur passage et couchent les gerbes de gauche et de droite, au fur et à mesure qu'ils avancent. Après les hommes, viennent les femmes, rieuses et brillantes de sueur et de soleil, exhalant une odeur forte. Leurs bras nus saisissent les gerbes étendues à terre et les assemblent en des bottes soigneusement tressées. On aperçoit leurs genoux vigoureux sous leurs jupes retroussées.

Oui, c'était ainsi en été — — —

Le ciel est traversé de rayons clairs et éblouit les yeux. On ne peut supporter une telle clarté, on baisse les yeux ou bien on se jette dans l'herbe : elle brille de fraîcheur et se colle, douce et humide, contre la peau brûlante.

Ou alors c'était le printemps. Et le ciel atteignait une transparence toujours plus grande, une légèreté aux couleurs fragiles, dérobée au monde, des vents tièdes se levaient, des nuages traversaient en hâte les hauts espaces, les arbres à peine feuillus inclinaient leur cime, se redressaient et se laissaient entraîner par le doux bouleversement, les herbes, mates et blêmes sous la neige, retrouvaient leur souplesse, aspiraient à se dresser et brillaient. Debout au bord des champs, on était saisi par cet éclat nouveau ; tout autour, le pays baignait dans une jeune humidité, les couleurs pastel : du vert le plus lumineux jusqu'au blanc des nuages —, et aussi le bleu sans retouches, le brun à la clarté mate qui n'appartient qu'à la fourrure des animaux, le gris céleste, la couleur argentée de l'écorce des arbres, les failles rouges dans la terre, les ramures des noisetiers, un restant de feuilles décolorées, la première apparition des primevères jaunes sur les sols brunâtres des marais, la terre noire des parterres des jardins enveloppés de voiles gris, et puis les mottes de terre fumantes, profondément entaillées.

On marchait là, le visage incliné en quête de rencontres prodigues, on aspirait l'air légèrement chargé de chaleur, on sentait éclater la joie en marchant, on élevait ses mains jusqu'à sa poitrine et on apercevait alors dans le lointain la ligne d'horizon enveloppée d'argent, on devinait les collines, les rues à peine délivrées du verglas, les eaux bruissantes, les ponts au-dessus des ravins et les sommets abrupts qui se haussaient jusque dans la voûte céleste traversée de bleu.

J'ouvre les yeux. La chambre est mal éclairée mais il y fait chaud maintenant, le poêle bleu crépite comme si l'on y faisait brûler des branches de sapin. Lorsque j'irai demain dans la forêt, je rapporterai quelques branches et les tiendrai au-dessus des flammes, ce sera comme une odeur de Noël. J'aurai alors le mal du pays.

Je me redresse sur mon lit. Peut-être vais-je mieux. Mais toute la chambre tourne devant mes yeux, je retombe sur l'oreiller. Je devrais réellement être découragé, peut-être suis-je trop faible pour ressentir quoi que ce soit. La chambre est si laide. Ah, si seulement Willy était là ! J'aimerais savoir qui a dormi dans ces mauvais lits avant moi.

Il y a ici deux lits, et pourtant je suis seul.

Je tiens le bloc-notes sur les genoux et les lettres dansent.

Je serai bientôt trop fatigué pour continuer à écrire et cependant je ne suis pas encore arrivé à mon sujet. Car j'ai bien un sujet. Je veux coucher par écrit l'histoire d'un amour, mais je me laisse toujours distraire et ne parle que de moi. Cela vient sans doute du fait que je suis malade. Je n'arrive à rien faire. Il faut dire que je ne suis pas encore détaché du thème que je veux traiter : je m'étais égaré sur de faux chemins, j'aimerais maintenant revenir à la vie. Je voudrais à nouveau m'habituer au déroulement des jours, des repas, au vrai sommeil.

C'est pour cela que je suis parti, mais je n'aurais pas dû tomber malade juste à ce moment. Maintenant, je suis plus que jamais rejeté dans les complications les plus étranges. Et j'écris à nouveau. Je n'ai à proprement parler pas cessé durant ces semaines, j'ai vécu penché sur moi-même, cela ne m'a fait aucun bien. J'ignore finalement tout de Sibylle, j'ai négligé de penser à elle. Ou à Willy...

Mais peut-on penser à Sibylle ?

Pensé-je à l'arme qui m'a blessé ?

(« Tu étais une arme, Sibylle, mais entre les mains de qui ? »)

12

C'est aujourd'hui que commence la chasse. Je descends les escaliers, il est bientôt une heure, l'aubergiste se tient sur le pas de la porte, il me salue et dit : « La chasse est ouverte. » Tout d'abord, je ne comprends pas ce qu'il veut dire. Cela sonne comme : « La fenêtre est ouverte », et je réplique alors : « Ah oui, c'est bien », et continue mon chemin. Mais l'aubergiste me suit et s'assoit à ma table. « Demain, vous pourrez manger du cuissot de chevreuil, dit-il. Mais vous n'êtes pas un passionné de chasse.

— Non », dis-je, et il m'informe alors de la quantité de gibier qu'abritent les forêts de l'endroit, combien de bêtes ont été abattues l'an dernier et quel prix on peut en attendre sur le marché. Il utilise beaucoup de termes de métier que je ne comprends pas toujours, bien qu'ils me paraissent familiers. Mais ce sont des mots auxquels je n'ai plus jamais repensé depuis longtemps. Je crois que l'on ensevelit ainsi des mondes entiers de notions qui, un jour, ont été courantes et évidentes et qui faisaient partie de la vie. Il en va de même avec les noms.

J'écoute l'aubergiste et demande qui prend part à la chasse ici. Il répond que ce sont les propriétaires fonciers des environs. Ils se rassemblent et partent dans la forêt avec leurs fusils de chasse et leurs montures légères. Ils ont leurs endroits particuliers pour les pique-niques, ce sont en général des clairières protégées, de petites prairies entourées de buissons et de grands troncs. Tout se passe dans la gaieté, les dames participent également à la chasse et dirigent les cochers qui portent les paniers à provisions hors de leurs voitures. L'aubergiste raconte qu'avant la guerre, les parties de chasse avaient un éclat presque princier ; un grand dîner avait lieu chaque jour dans son hôtel. Les temps ont changé, naturellement. Aujourd'hui, les gens doivent se restreindre. —

Après le déjeuner, je sors et traverse lentement la ville. Je me sens vraiment mieux aujourd'hui, je pourrais à nouveau tenter une promenade, cela ne saurait me faire de mal. Mais avant, je veux boire un café quelque part.

J'entre dans la pâtisserie où j'ai écrit, voilà quelques jours, les premières pages de ces notes. Le petit chien n'est plus là. La propriétaire est un peu excitée, sans doute à cause de la chasse.

Je commande un café. Près de la fenêtre, à deux tables de moi, trois messieurs sont assis qui portent des pardessus gris épais, avec col de fourrure. Ces pardessus sont taillés dans de la toile militaire grise et les manches ont des revers de couleur verte. Les trois messieurs parlent de la chasse. J'entends les mêmes expressions techniques et, déjà, elles me sont redevenues familières. Nous apprenions aussi à tirer, à l'école, et mon père s'entraînait parfois avec moi pendant les vacances. Mais cela ne m'intéresse guère, et voilà longtemps que je n'ai plus eu de fusil entre les mains. Qu'est-ce que cela peut me faire ? Je hais la chasse. Je ne comprends pas que l'on puisse à la fois aimer les animaux et être chasseur.

Sibylle m'a dit un jour qu'elle m'en voudrait si je tuais des animaux. Je lui ai répondu que cela n'était jamais arrivé. Mais elle ne m'a pas cru. Au fond, je pense que Sibylle serait plus à même de tuer que moi. Elle a une cruauté très féminine, on me l'a souvent dit en guise d'avertissement. Mais il m'est indifférent qu'elle cherche à me tourmenter. C'est seulement au début que ce fut terrible. Mon comportement à son égard ne se distinguait guère de celui de Willy.

Willy la laissait libre de tout lui dire. Elle n'avait aucun ménagement pour lui. Et il avait pourtant de l'orgueil en d'autres situations. Je pensais vraiment que c'était moi qui avais découvert Willy. C'était une erreur. Sibylle le connaissait déjà depuis des années lorsqu'il se rapprocha de moi après avoir remarqué mon intérêt pour Sibylle. Mais le mot ne convient pas : je ne me suis intéressé qu'à moi, et de manière si habile que je me croyais encore libre, alors même que je vivais déjà depuis longtemps dans un monde tout à fait singulier, étrange et fermé. Je pense que l'on ne devient jamais maître d'une situation qu'au moment où l'on cesse d'y être impliqué personnellement. Si je n'avais pas aimé Sibylle à ce point, j'aurais peut-être pu être quelque chose pour elle. Je le crois. Mais de cette façon, je ne pouvais rien être pour elle parce que je l'aimais trop. Je vais bientôt rentrer. Je n'ai pas envie de me remémorer toutes mes erreurs. Elles étaient inévitables pour la plupart, et les conseils de mes amis ne m'ont aidé en rien.

J'ai maintenant des maux de tête continuels, je crois bien aussi que j'ai de la fièvre chaque soir. Mais j'aurai de la patience. Je pourrais peut-être aller dans la forêt, mais les chasseurs y sont maintenant, et je préférerais les éviter. Les trois messieurs à la table voisine ont fini de boire leur vin et se mettent en route. Je les suis du regard bien qu'ils ne m'intéressent absolument pas. Puis je m'en vais à mon tour.

Il fait déjà sombre dehors. Je suis très heureux que les jours soient si courts et passent vite. Mais pourquoi cette joie, je n'ai pourtant aucune raison de compter les jours. Je n'ai aucune échéance devant moi.

Je traverse lentement la petite ville. Il n'y a en réalité qu'une seule rue, elle porte le nom de « rue principale », et elle est éclairée. Des gens se regroupent devant une boutique, j'entends de loin un haut-parleur qui annonce les prévisions météorologiques. Viennent ensuite les nouvelles politiques du jour, et une valse commence maintenant...

Un chien se tient au milieu des jambes des hommes et aboie en direction du haut-parleur invisible. Un ouvrier donne un coup de pied au chien. Sibylle lui ferait certainement une remarque. Elle n'aime pas voir les animaux maltraités. Un jour – c'était au début de notre amitié –, elle a interpellé un vieil homme qui traînait son chien derrière lui. La nuit était déjà avancée et le chien était à moitié mort de fatigue. Il ne portait pas de collier, l'homme lui avait attaché un lacet autour du cou et le tirait ainsi en avant en poussant des jurons.

Je marchais derrière Sibylle et je faillis trébucher sur le chien. Je ne l'avais tout simplement pas vu, en raison de mon extrême fatigue. C'est à cette époque que tout a commencé. Sibylle avait l'habitude de rester au Walltheater après la représentation jusqu'à trois heures du matin. Elle quittait la scène à vingt-trois heures, mais je ne pouvais la voir alors, car elle se trouvait dans sa loge pour se changer. Elle mettait beaucoup de temps. Par la suite, j'entrais parfois chez elle, elle ne semblait pas s'y opposer. La vieille habilleuse poussait une chaise en ma direction, je m'asseyais de façon à pouvoir apercevoir Sibylle devant son miroir, et m'adossais au mur. Après, entre minuit et une heure, Sibylle devait chanter, elle portait une robe d'un rouge fauve et était merveilleusement belle ainsi, ressemblant à un ange gothique, avec cet air à la garçonne que lui donnaient ses hanches étroites. Chanter lui était indifférent, elle faisait une révérence à la fin comme toutes les autres chanteuses, elle était somme toute très correcte. Seulement, elle ne se tenait pas d'une main au rideau et ne le repoussait pas sur le côté, au contraire, elle se tenait là très droite et attendait que tout fût fini.

Lorsqu'elle avait terminé, elle venait s'asseoir à ma table et commandait à boire. Elle restait jusqu'à trois heures. Ne voulant pas me séparer d'elle, je restais aussi. Enfin, nous partions, presque toujours seuls, et dehors Willy faisait son apparition et demandait s'il devait nous trouver une voiture. Mais la plupart du temps, j'avais la mienne, autrement nous allions un petit moment à pied. Willy nous suivait à quelque distance et lorsque nous allions dîner, il attendait dehors auprès des chauffeurs. C'est seulement à partir du jour où il vit que je raccompagnais Sibylle jusque sur le pas de sa porte qu'il cessa de venir. Sibylle parut ne rien remarquer ; quant à moi, cela m'était indifférent.

Justement, cette nuit-là, je fus pour la première fois si fatigué que je ne pus le dissimuler. Je ne parlais plus et ne pouvais pas non plus manger. Sibylle demanda : « Quel est votre travail ? » J'en ai un souvenir précis, parce que je fus surpris qu'elle me posât cette question. Cependant, je ne répondis pas. « Je crois que vous devriez dormir davantage », dit-elle, et elle posa sa main sur mon bras. À part cela, elle ne dit rien. C'est un peu après, dans la rue, que je trébuchai sur le chien. Elle s'arrêta aussitôt et apostropha le vieil homme, l'exhortant à lâcher la laisse. « Ne voyez-vous pas que cet animal ne peut plus avancer ? », dit-elle.

Je n'avais encore jamais entendu sa voix se faire si coupante. L'homme jurait effroyablement, et je pensai qu'il allait se passer quelque chose. Je voulus m'interposer entre lui et Sibylle, mais elle me renvoya dans le local — nous avions fait seulement quelques pas — et m'ordonna d'aller chercher du lait à tout prix. J'y allai et rencontrai Willy. Il était au comptoir au milieu d'un groupe de jeunes gars. Lorsque je me présentai sur le pas de la porte, il glissa aussitôt de sa chaise et demanda si Sibylle avait oublié quelque chose. Puis il me procura du lait et m'accompagna. Sibylle était encore penchée sur le chien et semblait expliquer au vieux comment soigner l'animal. Il maugréait doucement qu'il fallait bien faire rentrer le chien et Sibylle rétorqua qu'il rentrerait après avoir bu le lait. Mais il fallut du temps avant que le chien ne se mît à boire, il était visiblement apeuré. Après, il trotta sans résistance derrière le vieux.

Entre temps, Willy était allé chercher une voiture. Sibylle dit qu'elle était maintenant très fatiguée et me demanda si je voulais l'accompagner. Mais cela n'en valait pas la peine et je tendis la main à Sibylle, puis la regardai s'en aller. J'avais une sensation de vide dans le ventre, et vraiment, la tête me tournait un peu.

Willy ne fit aucun signe, il était assis à côté du chauffeur et avait l'air content. Je crois qu'il lui était indifférent de veiller toute la nuit.

13

Puis je fis la connaissance d'Erik. Il venait de Suède, appartenait à la famille de Magnus, mais je l'ignorais lorsque je le rencontrai au bar du Walltheater et que Sibylle nous présenta l'un à l'autre. Il me demanda si je faisais du ski. Il disait que, dès qu'il y aurait de la neige, il partirait en Suisse pour trois mois. Il avait une femme et deux enfants dont il gardait les photographies dans son portefeuille. Il me les montra au moment où il sortit son portefeuille pour payer. Il avait aussi un métier, mais il ne semblait pas y accorder grande importance, il n'en parlait jamais. En fait, Sibylle semblait le connaître depuis longtemps déjà. Il me plaisait bien. Il but seulement un whisky, et moi dans le même temps trois cognacs, avec encore un whisky au milieu. Il le remarqua et me dit que cela ne me ferait certainement aucun bien. Sibylle lui mit alors la main sur l'épaule et dit : « Sois tranquille, c'est moi qui prends soin de lui. »

Je trouvai cela étrange de la part de Sibylle et n'osai plus le regarder. Il partit peu après. Sibylle sortit avec lui, mais revint commander à boire, sans plus me regarder. Quand elle envoya chercher son manteau, je payai et partis avec elle. Il n'y avait pas de chien sur la route, cette fois. Willy se tenait près de la porte lorsque nous montâmes en voiture. Sibylle fit basculer son siège vers l'avant et lui demanda s'il voulait monter avec nous. Il me regarda et dit : « Vous avez oublié d'allumer les phares. » Je répondis : « Pourquoi donc me dis-tu "vous" ? » Sibylle regarda droit devant elle et m'indiqua le chemin. Il était à peu près quatre heures du matin, le temps était brumeux, la route très lisse. Je roulais lentement, mais Sibylle était terriblement impatiente et, par moments, frappait du pied contre le plancher de la voiture. J'accélérai, les dents serrées. Je roulais sans faire très attention et, soudain, un tronc d'arbre épais surgit devant nous. Il était planté là, à la croisée de deux routes, et faisait l'effet d'un puissant colosse à la peau rugueuse dans l'obscurité humide, couverte de brouillard. Je ne sais pas exactement comment je l'évitai. Sibylle dit brusquement « à droite ! », de sa voix à elle, profonde et apaisante, et déjà nous nous trouvions dans la rue suivante.

Nous roulâmes très longtemps. Enfin, je demandai à Sibylle où elle voulait aller. « Où ? dit-elle. Je ne sais pas non plus. À quoi bon le savoir ? » Je passai devant un poste à essence, il était fermé et je demandai à un chauffeur, au coin de la rue suivante, où l'on pouvait trouver une station de nuit. Elle était assez loin de là, et je n'avais plus d'eau dans le radiateur.

« Erik t'a-t-il plu ? demanda Sibylle.

— Il est très intelligent. »

Je jetai un œil sur le tableau de bord et ralentis encore.

« À ce train-là, la voiture est fichue », dis-je. C'était exagéré, mais j'étais en colère et triste : j'aime cette voiture. J'ai gagné moi-même un tiers de sa valeur, c'est mon père qui a payé les deux autres avant de partir en Russie pour les grands forages pétroliers.

Nous arrivâmes enfin à la station.

C'était une pompe Olex, et l'homme était très aimable. Je tentai de dévisser le bouchon, de la vapeur s'échappa en nuages ronds du radiateur. Il faisait très froid, mais le métal était si brûlant que je ne pouvais le toucher de mes mains nues.

En levant les yeux, je pensai brusquement que je me tenais sous les pleins feux des phares et que, tout autour, il faisait noir. J'étais comme sur un podium éclairé au milieu de l'obscurité du monde et, en fait, il n'y avait plus — comme la mer autour d'une île — que la nuit monstrueuse et nous : la voiture, l'homme de la station, Sibylle et moi. La vitre avant de la voiture était embuée et je vis apparaître le visage de Sibylle, irréel, derrière la vitre, et ses yeux qui brillaient faiblement comme des fleurs pâles.

Je ne sentais plus le froid maintenant. Je voulais payer, mais je n'avais que de grosses coupures, Sibylle ouvrit la porte et me donna deux pièces de cinq marks. L'homme salua et nous partîmes. C'est alors seulement que je remarquai que Willy n'était plus dans la voiture.

Peu après, nous nous perdîmes. Les rues étaient désertes, personne ne pouvait nous renseigner. Nous roulions toujours très vite.

Puis nous arrivâmes sur un pont, nous ne l'aurions peut-être pas remarqué si la voiture n'avait pas fait soudain un bruit différent. Je me garai sur le côté droit, le pont n'était pas éclairé, mais les phares projetaient leur lumière sur une route en forme de coude. Dans l'ombre, nous vîmes s'élancer d'imposants piliers de béton et, au-dessus, une ossature de fer sombre, des arcs largement tendus, soutenus et reliés par de nombreuses barres. J'ouvris la vitre et me penchai au-dehors. L'eau coulait avec rapidité et violence au-dessous de nous, un peu de lumière tombait sur la surface, si bien que l'on voyait les flots houleux se chevaucher et s'entrechoquer en de nombreux tourbillons. Au-dessus, le ciel formait une voûte paisible, et nous étions suspendus entre le ciel et l'eau, à peine encore sur terre.

« Comme c'est beau, dis-je.
— Oui, dit Sibylle.
— Qu'ont pensé les gens quand ils ont construit le premier pont ?
— Ils voulaient gagner l'autre rive. Ils ont posé un tronc d'arbre pour relier les deux rives.
— Chez les Indiens, il existe des ponts suspendus. Ils vacillent lorsqu'on les traverse. Et ils surplombent des abîmes.
— On construit maintenant des ponts majestueux. À New-York, par exemple. Et en Suède, je connais un pont de béton que l'on dirait taillé dans du papier glacé blanc, avec d'innombrables piliers fins.
— Nous devrions faire un voyage chez les Indiens, dis-je. Nous devrions nous procurer de l'argent.
— Rien de plus facile, dit Sibylle, mais tu ne peux pas partir, on ne te laisse pas partir.
— Rien de plus facile », dis-je.

Sibylle prit une autre cigarette. Elle fumait pour ainsi dire toujours lorsque nous faisions de la voiture et, parfois, me donnait aussi une cigarette qu'elle allumait elle-même avant de me la glisser entre les lèvres.

« Cela pourrait te coûter ta carrière », dit-elle.

J'ai oublié de dire que je veux devenir diplomate. Mon père m'a ouvert toutes les voies pour cela. Il exige que je mène à bien des études de droit et qu'à côté, je prenne des cours de français et d'anglais. Cela fait d'ailleurs plusieurs semaines que je néglige complètement ces cours de langues.

« Cela pourrait te coûter ta carrière », disait Sibylle. Je ne pus rien me représenter sous le mot « carrière ». C'était un mot vide.

« Qu'est-ce que cela signifie, de nos jours », dis-je avec humeur. Magnus et moi avions souvent discuté du fait qu'il ne reste plus grand-chose à notre génération, si ce n'est l'immense privilège de l'amitié. Par là, nous voulions dire que toutes les conditions normales faisaient défaut, que tous les objectifs valables étaient incertains, que toute stabilité avait disparu de notre vie. Nous pensions que l'on se heurterait d'emblée à la vanité ultime de raisons de vivre de ce genre : on perd son ambition bourgeoise, on voit que le succès n'est qu'un pauvre filet d'air et, finalement, on s'habitue très jeune à ce qu'on appelle la « résignation » des gens de cinquante ans. Mais chez ceux de vingt ans, celle-ci contient une gaieté et une audace plus grandes, une note de renoncement positif.

Nous songions que c'est une grande chance de trouver des amis avec lesquels on se sent en harmonie, lié par un lien fraternel. Vivre quelque part avec eux, voyager, penser avec eux, se renforcer mutuellement de l'intérieur et s'aimer nous semblait être notre privilège. Cependant, je n'avais jamais envisagé sérieusement de renoncer à mes projets de carrière. Maintenant, je m'imaginais partir en voyage avec Sibylle, et devant moi s'étendaient des villes portuaires, de larges fleuves portant des bateaux bercés par l'eau, des steppes, des troupeaux d'animaux migrateurs, des aéroports faits de baraquements en bois neuf, des camions sur les routes blanches, et le soleil brûlant au-dessus des vérandas.

« Nous ferions mieux de ne pas revenir », dis-je. Je remarquai alors que Sibylle souriait en regardant droit devant elle. Elle semblait ne plus penser aux ponts.

« Continuons à rouler », dit-elle.

Je me redressai et cherchai la clé à tâtons dans le noir.

« Mais je n'en peux plus », dis-je.

J'eus brusquement un accès de découragement comme si quelqu'un m'avait tiré d'un sommeil épuisé.

Sibylle me regarda en silence.

« Je n'en peux plus », dis-je à nouveau. Et alors la nuit commença de tourbillonner autour de nous. Je pressai ma main contre mes yeux, des boules multicolores se détachèrent de l'obscurité, s'approchèrent de mon visage, enflant, m'aveuglant : puis elles éclatèrent. Je détournai la tête, comme si l'on pouvait y échapper de cette manière...

Sibylle se tourna brusquement vers moi et mit ses mains autour de mon visage. Ses mains étaient glacées. C'était comme si l'on posait ma tête sur du linge frais.

Un peu plus tard, elle me fit boire à une petite bouteille qu'elle avait avec elle. Le goût était très fort, et je bus avec répugnance. Elle avait posé ma tête contre son épaule et je me sentis mieux. Parfois son souffle m'effleurait comme lorsque nous dansions ensemble, et parfois elle pressait son menton et sa joue un instant contre mon front.

Je fis démarrer le moteur et nous partîmes. Suivre la route me demandait un effort indescriptible. J'imaginais à chaque instant que j'allais lâcher le volant. La route ondulait, les arbres, les réverbères et même la ligne droite de la bordure ne m'apparaissaient qu'au dernier instant. Ils se précipitaient pour ainsi dire dans mon champ de vision et me brouillaient la vue. Sibylle toucha mon épaule de la main gauche. Cela m'apaisa. De temps à autre, elle me serrait plus fermement. Je roulais en fait très lentement : aussi, elle écarta brusquement mon pied et appuya sur l'accélérateur. C'était rouler dangereusement. Peu après, je m'arrêtai, ouvris la porte et lui dis : « À toi de conduire maintenant. »

Elle sembla un peu effrayée, mais dit seulement : « Si tu veux... », et resta assise quelques instants à me regarder.

Puis nous échangeâmes nos places. J'ignorais même si elle savait conduire, mais j'étais si fatigué que cela m'était égal.

Elle ne se mit pas aussitôt en route, ce fut donc moi qui mis le moteur en marche ; lorsque nous eûmes atteint la troisième, je me penchai en arrière et regardai à travers la vitre légèrement embuée. Nous étions sur la Herrenstrasse, quelque part loin du centre de la ville. Nous roulions très vite. Parfois, la voiture se rapprochait du bas-côté comme si elle était attirée par un aimant. C'était très dangereux, et, à deux doigts du bas-côté ou d'un autre obstacle, je devais souvent redresser la direction au dernier moment.

Maintenant, il faisait déjà clair, une légère couche de brouillard ondulait à travers la forêt, à un mètre du sol seulement, et enveloppait les troncs des sapins. En tournant la tête, je vis une faible lueur rouge dans le ciel. Le paysage était gris métallisé, froid, apaisé. Nous nous approchâmes de la ville, et je pris à nouveau le volant. Le visage de Sibylle était transformé, elle semblait très fatiguée, mais elle était moins pâle qu'à l'ordinaire, et ses yeux lançaient des lueurs plus fortes. Lorsqu'elle descendit devant la porte de sa maison, elle pressa ma main contre sa joue et me demanda d'être prudent sur le chemin du retour et de ne me lever en aucun cas avant midi. Je roulai jusqu'à mon appartement et laissai la voiture dans la rue. Il faisait maintenant grand jour. Je me sentais assez bien et montai jusqu'au deuxième étage sans prendre l'ascenseur. Dans la chambre à coucher, la bonne avait tiré les rideaux noirs, il faisait sombre, et je m'allongeai aussitôt sur mon lit. Je ne pouvais dormir. Je songeai à notre voyage en voiture et pensai à quel point cela avait été follement dangereux. Sibylle avait roulé si vite que nous aurions pu nous renverser si nous avions heurté le bas-côté. Mais ce n'était pas cela. Il y avait bien plus grave : je constatai qu'il m'aurait été égal d'avoir un accident. Sibylle m'avait demandé : « As-tu eu peur ? », j'avais dit non, et j'étais sincère. J'étais trop fatigué pour avoir peur. Je pensais que, si elle avait envie de nous fracasser la tête, elle n'avait qu'à le faire.

Et maintenant, agenouillé sur le lit, cela continuait de m'être indifférent, je pouvais considérer sans horreur l'idée que j'aurais pu mourir. Mais cette constatation déclencha en moi une sorte de désespoir, je me jetai à terre et pleurai sans retenue et, pour la première fois, la vie me fit peur.

14

Le lendemain, je dormis jusqu'à midi. À un moment, la femme de chambre entra, il était environ onze heures, et elle déposa le café sur une table basse près du lit. Elle demanda aussi si elle pouvait m'apporter quelque chose à manger, mais je lui dis que je me sentais très mal et préférais continuer à dormir. Le malaise me prit lorsque je me levai deux heures plus tard. Je dus à nouveau m'allonger, baigné de sueur. J'étais allongé sans bouger lorsque le téléphone sonna à côté de moi. C'était Erik. Il demandait si je voulais déjeuner avec lui, il passerait me prendre dans une demi-heure. « Vous me donnez envie de m'occuper de vous », dit-il.

Je pris un bain et m'habillai. Je fus alors pris de vertiges comme presque chaque matin maintenant. Je pensai finalement que l'on pouvait s'habituer à cet état.

Erik arriva à l'heure dite. Il commença par lancer un regard sur mes livres, puis s'arrêta devant le bureau. « Vous travaillez beaucoup ? demanda-t-il. Vous êtes encore étudiant, vous avez de la chance. » Je ne savais que répondre. « J'ai toujours été un aventurier, dit Erik. À votre âge, je crois que j'étais un aventurier de l'esprit. »

Au-dessus du bureau, il y avait une grande photographie de Sibylle. Elle portait un pantalon court et une chemise rayée ouverte. Son visage blanc était excessivement éclairé et faisait presque l'effet d'un masque. Mais on reconnaissait la lueur de ses yeux, voilée de manière si particulière, comme si elle perçait plusieurs couches d'obscurité. « Elle a des yeux magnifiques, dit Erik. Hier, j'ai vu Magnus. Savez-vous ce qu'il a dit de vous ? Mais prenez votre manteau, nous sortons. Donc, il a dit que vous étiez perdu. Que vous étiez trop jeune pour supporter de tels bouleversements. Que vous étiez vulnérable et que vos sens étaient prisonniers comme ceux d'un lycéen. L'expression n'était pas très aimable. Je suppose que Magnus vous aime et qu'il souffre de perdre la considération qu'il avait pour vous. Strindberg dit quelque part : " Tant pis pour l'humanité —". »

La conversation m'était très pénible. Lorsque l'on souffre, on supporte mal que ses souffrances ne soient pas prises au sérieux.

« Magnus est au courant de tout, dis-je.

— Non », dit Erik. Il se gara devant l'« *Atelier*[1] », un Schupo[2] lui dit de se rapprocher du trottoir. Il s'exécuta et je l'attendis. J'étais gelé. Puis nous entrâmes et Erik commanda avec soin le menu. Il me traitait comme un petit enfant. Je me souviens encore de tous les détails de ce repas parce que, pour la première fois depuis longtemps, je me retrouvais avec toute ma conscience à une table soigneusement mise et raffinée. Nous parlions entre deux plats, c'était un dialogue prudent, un dialogue entre adversaires non déclarés. Je demandai brusquement :

« Aimez-vous Sibylle ? »

Il se tut et sembla surpris. Puis il répondit très lentement :

« Il y a deux ans, j'allais chaque soir dans un mauvais cabaret de Bruxelles. Sibylle était là-bas. Pourquoi

---

1. En français dans le texte. (N.d.T.)
2. *Schutzpolizist* : agent de police. (N.d.T.)

croyez-vous que j'aille maintenant au Walltheater ? »
À vrai dire, je ne le connaissais pas, mais je craignais qu'il ne me considérât comme son rival. J'avais besoin d'un ami en cet instant et j'étais très seul.

« Dois-je partir ? demanda Erik. Peut-être voulez-vous que je disparaisse ?

— Non, dis-je. Cela ne servirait à rien. »

Je savais parfaitement que le départ d'Erik ne m'aiderait en rien auprès de Sibylle. Et nous ne lui avions même pas demandé son avis.

« Les gens disent que Sibylle est une femme froide, dit Erik. Mon cher, vous ne mangez rien. Parlons d'autre chose.

— Voilà des semaines que je ne pense qu'à Sibylle », dis-je. Erik poussa un plat dans ma direction et mit quelque chose dans mon assiette.

« Je crois qu'elle est passée par beaucoup d'épreuves, dit-il. Elle a certainement anéanti quelques êtres. Elle n'a pas les êtres les plus mauvais sur la conscience.

— Hier, j'ai soudain eu peur », dis-je.

Dehors, le soleil brillait. On ne le voyait pas directement, mais quelques rayons passaient au travers des rideaux et répandaient un souffle de chaleur douce et colorée sur les murs de pierre. Une dame traversa le local, et les rayons de soleil à peine perceptibles vinrent, l'espace d'une seconde, frapper son visage : celui-ci s'éclaira, et ses cheveux blonds ressemblèrent, à ce moment-là, à de l'or liquide.

J'avais les mains froides bien que le restaurant fût très chauffé.

« On m'a toujours dit qu'il m'arriverait quelque chose un jour, dis-je. Mais je ne l'ai pas cru. Mes professeurs disaient qu'un jour, je me ferais écraser.

— Oui, on se représente toujours les choses autrement qu'elles ne sont.

— Je ne suis pas jaloux », dis-je. J'espérais fort qu'Erik nous considérerait comme des alliés naturels. Pourquoi aurais-je dû être jaloux s'il aimait Sibylle, ou même si Sibylle l'aimait. Après tout, nous aurions alors parlé le même langage. Cette pensée me réconforta un peu.

15

L'écho des coups de feu sort de la forêt et gagne la petite ville, remplissant l'air d'inquiétude. Tôt ce matin, je suis allé dans le parc du château dont les vieux murs suintaient d'humidité. Le château est beau, bien qu'on ne puisse presque plus identifier son style. Des princes ont vécu ici de tout temps et, selon leurs besoins, l'ont construit, rasé ou agrandi. Quelques fenêtres aux étages supérieurs des tours rondes ne sont plus guère que des créneaux, mais les fenêtres du grand bâtiment principal sont hautes, nombreuses, et ornées de motifs du Baroque tardif le plus pur. Le portier habite dans une pièce avec un plafond en stuc et un plancher en bois de sapin frotté de blanc. La cour du château est pavée, et si grande qu'une voiture peut aisément y circuler. Devant, face au parc et à l'eau, les deux ailes sont reliées par une galerie de colonnes en ligne droite. Les colonnes sont rose pâle, jaunes ou blanches, selon l'éclairage, et l'on a toujours envie de s'appuyer contre l'une d'elles et de regarder en bas vers le parc. À présent, la vue est plutôt triste : les arbres n'ont pas de feuillage et les feuilles jonchent la surface de l'eau, jaune et rouille. Aujourd'hui, les branches étaient recouvertes de rosée lourde, saturée, et semblaient presque givrées. J'aimerais rester dehors toute la journée. Ma gorge est comme asséchée, bien que je boive beaucoup. La nuit dernière a été mauvaise.

Maintenant, je m'en vais. Je ne veux pas traverser les forêts comme je le fais habituellement, mais je prends un chemin qui passe devant l'église, sur la gauche, s'éloigne discrètement de la ville et s'enfonce dans les collines sablonneuses, plates, aux contours mal définis. Je vais d'abord assez vite. J'aime m'éloigner des forêts : des marais d'où s'élèvent des vapeurs, des terriers de lapins, des aiguilles de sapin ruisselantes d'eau. Des nids chauds des animaux. Ici, il n'y a qu'une surface nue, une grande mer ondulante. Durant ces dernières semaines, le sol a absorbé beaucoup d'humidité. À droite, les collines sont entaillées, on travaille dans les carrières de sable, on entend le vacarme d'un dragueur qui fait trembler l'air pur, léger, et une grue se découpe, noire, dans le ciel. Je vais au bord de la carrière et regarde les ouvriers. Ce sont des hommes graves, résolus, qui imposent le respect. Ils travaillent inlassablement depuis l'aube et mangent leur pain du midi en plein air sur leur lieu de travail, puis, le soir, ils suivent d'un pas ferme le chemin qui les ramène à la petite ville.

Je poursuis ma route, et après avoir marché plus d'une heure, j'arrive dans un village. La rue est pavée en son milieu : des deux côtés, on a construit des maisons basses, grises, avec des toits sans aucune avancée ; on ne pourrait même pas y trouver refuge en cas de pluie. Je vais jusqu'à l'auberge du village et m'assieds dans la salle. Elle est grande, basse de plafond et plongée dans une demi-obscurité. Les murs sont noircis. Les tables et les bancs sont lourds et frustes. Le bois est clair : l'âge lui a fait perdre toute couleur. Un portrait de Bismarck est accroché au-dessus du comptoir, encadré d'une couronne de feuilles de chêne.

L'aubergiste n'a pas de papier à écrire, je me rends donc d'abord dans le village et trouve une boutique où acheter de l'encre et une plume. Puis je retourne à l'auberge, commande du vin rouge et pose les feuilles à côté de moi. Je ne puis écrire pour le moment, le chemin m'a épuisé. Et pourtant, je me mets à écrire. Mon Dieu, j'ai maintenant pris l'habitude d'écrire et je vais écrire un livre entier, pour ainsi dire par mégarde... J'enverrai le livre à Sibylle, elle le lira et me dira si elle le trouve bon ou mauvais. Si elle le trouve bon, je le ferai publier. Non, je n'ai pas d'ambition dans ce domaine. Les gens disaient toujours que je reniais toutes mes qualités à cause de Sibylle. Et pourtant, autrefois, ils plaçaient des espoirs en moi. Mais en fait, tous approuvaient Magnus, et moi-même je lui donnais raison et j'en souffrais. Ils disaient alors qu'il serait bon pour moi de me rendre compte de la situation et de savoir ce que j'attendais de Sibylle. Naturellement, je n'attendais rien d'elle, et lorsqu'ils me soutenaient que l'on ne pouvait vivre avec une femme comme Sibylle, j'en connaissais moi-même toutes les raisons. Ils imaginaient tous que Sibylle était l'amante idéale : seulement, je savais que l'on ne pouvait l'avoir ainsi, même si j'avais eu de l'argent, dix années de plus et que j'eusse été mon propre maître. Ils pensaient tous que Sibylle me trompait et ne me repoussait pas seulement par calcul. Ils ne pouvaient imaginer qu'une femme comme Sibylle pût vivre sans amant. Parfois, Sibylle m'apparaissait si étrangement préoccupée que je lui retirais ma confiance. Je savais qu'elle me mentait ou qu'elle me cachait quelque chose d'important, peut-être la chose la plus importante de sa vie. Une fois, je le lui dis. C'était à une heure avancée de la nuit, et nous étions en train de boire dans une cave de la

Kantstrasse. Elle était peu aimable avec moi et, dans ma tristesse, je lui posai la question. Elle répondit aussitôt qu'elle ne m'aurait pas sacrifié un seul instant de sommeil si elle n'avait pas eu d'amitié pour moi. À cet instant, j'eus conscience que je lui sacrifiais, moi, mon sommeil et bien plus encore, et que je l'aimais pour cette raison, la même qui pourrait aussi bien nous faire haïr quelqu'un d'autre. Ou peut-être la haïssais-je aussi : parfois. Mais j'aurais aussi bien pu me haïr moi-même.

On me racontait beaucoup d'histoires sur Sibylle : qu'elle avait vécu avec un chauffeur, puis avec un marchand d'art. Le chauffeur était en prison et le marchand d'art s'était suicidé.

Ce n'était naturellement qu'absurdités, déformation et rumeurs. Mais il est vrai que cela aurait pu être exact. Au fond, on ne peut que mourir pour Sibylle. Vivre pour elle est dégradant, disaient mes amis.

Mais ils ne comprenaient rien à ce qu'elle était. Ils prenaient tout très simplement, et il est vrai qu'il serait trop lourd, sinon, de supporter l'existence ; car tout ce qui arrive est saisi dans un enchaînement si terrible, tout ce que l'on fait a mille conséquences. Et notre responsabilité est énorme, et aucun jugement n'est juste ni équitable. Et pourtant, nous devons vivre…

16

Puis je vis Erik tous les jours, et nous devînmes bons amis. Nous déjeunions ensemble, il venait me chercher, il lui arrivait de me réveiller alors qu'il était déjà deux heures de l'après-midi, et dès mon lever, les vertiges me prenaient. Il disait qu'il voulait m'envoyer un médecin, mais il se rendit compte que cela n'aurait eu aucun sens.

« Cela te fait donc plaisir d'être malade et de ne plus pouvoir travailler ? », disait-il. Certes, je trouvais la situation effrayante : seulement, je ne pouvais rien y faire, je ne voyais aucune issue à tout cela. Je n'avais plus de courage, au point que je n'osais penser à quoi que ce fût. Je n'avais jamais imaginé qu'une chose pourrait sérieusement me toucher. Je n'y croyais toujours pas, mais de loin en loin, la peur me prenait, et en rentrant chez moi, dans l'obscurité, au moment où la route s'éclairait, il m'arrivait de songer que je ne m'y retrouverais jamais plus. Je n'en parlais à personne, pas même à Erik. Il le devinait probablement et se faisait du souci pour moi.

« Sans doute Sibylle va-t-elle partir en voyage avec moi, dit-il un jour. Elle pourrait également partir avec toi si tu avais de l'argent, mais je pense qu'elle va plutôt partir avec moi. »

J'acquiesçai et trouvai cela bien. Quand Erik eut envie de fumer, j'allai chercher des cigarettes dans le salon, et les lui proposai. Elles se trouvaient dans un étui de bois incrusté que j'avais acheté à Milan. J'étais allé là-bas avec Magnus, sa sœur Edith et deux autres jeunes filles. Elles étaient très belles et nous avions passé la moitié de l'été avec elles en Italie. Nous étions de grands amis tous les cinq, à peine quelques mois plus tôt. En tenant l'étui dans la main, je m'en souvins soudain avec précision. La boutique était située dans une ruelle sombre à proximité de la cathédrale. La place de la cathédrale était blanche et aveuglante de soleil. Quelques mendiants étaient allongés sur les marches et dormaient, des enfants couraient entre eux, parfois le lourd rideau d'une porte était soulevé et un prêtre descendait vivement les escaliers en direction de la place. Il portait une écharpe bordeaux sur son costume noir. Nous faisions les cafés de la ville en buvant beaucoup, et le soir, la grande autoroute nous ramenait jusqu'à l'imposante maison, située au milieu des terres, parmi les mûriers. Et maintenant, je tenais l'étui de Milan dans ma main, nous étions à Berlin, les amis étaient partis depuis longtemps et n'étaient plus des amis, je les avais oubliés.

« Erik, dis-je, peux-tu imaginer Sibylle morte ?

— Oui, certes, dit-il.

— Ou bien qu'on ne la connaisse pas ? Que sa présence soit une invention ? Que l'on vive sans elle et délivré d'elle ?

— Petit, tu devrais vraiment te libérer de Sibylle.

— Dans ce cas, je ne la reverrai plus, dis-je. C'est impossible, on ne peut y renoncer. Mais quand on pense qu'un jour, on a... »

C'était étonnant, ce n'était qu'un souvenir, mais il me revint subitement à l'esprit qu'un jour, j'avais été heureux, léger, et qu'en fait, je portais Sibylle en moi comme un mauvais rêve. —

Sibylle chantait encore sur la scène et portait maintenant un autre vêtement qui lui allait encore mieux que le précédent. Il avait un léger décolleté rond autour de la gorge et était si étroit au niveau des hanches qu'il dessinait avec netteté la minceur de son corps. Ses cheveux étaient légèrement lissés, et les tempes saillantes. Elles étaient blanches et transparentes, ses mains étaient transparentes, son visage brillait de pâleur, et elle avait des ombres bleues sous les yeux.

17

Erik partit au moment où nous nous entendions le mieux. Il dit avoir des affaires à régler, et qu'il serait de retour dans huit jours. Le premier jour, je me rendis très tard au théâtre et décidai de ne pas attendre Sibylle.

Il y avait beaucoup de monde. J'eus du mal à gagner ma place habituelle.

Fred et Ingo dansaient sur scène. Ils jouaient le même numéro depuis trois mois, mais c'était partout ainsi, et ils avaient toujours du succès.

Ce qu'ils faisaient leur était complètement indifférent, on leur faisait apprendre les danses et ils s'entraînaient consciencieusement. Toute leur prestation ne visait qu'à faire la preuve de leur adresse, de leur travail ou de leur jeunesse. Je les trouvais ennuyeux tous les deux, mais je compris qu'ils étaient puérils et pleins de charme, et que c'était cela que les gens voulaient voir. Comme je l'ai dit, c'était partout la même chose et, la nuit, toute la ville était remplie de salles éclairées que l'on aménageait avec éclat et où se montraient de beaux jeunes gens. Tout était bien organisé, terriblement bruyant et coloré, et cela n'avait rien à voir avec l'Art ou avec des émotions plus profondes. C'était une monstrueuse course dans le vide, et les êtres les plus affairés étaient d'une inertie étrangement bornée. Mais cela n'avait probablement aucun sens de combattre cette tendance, les gens n'étaient pas capables d'un véritable progrès.

Des artistes isolés y travaillaient toute leur vie et parvenaient à créer quelque chose de remarquable, mais qui demeurait là, inutilisé. Seul un petit nombre s'y intéressait passagèrement. Il en va de même avec les résultats des philosophes : il y a des savants qui ont tenté toute leur vie d'explorer une question, ont rassemblé une énorme quantité de données et qui, à la fin de leur vie, une fois leur objectif atteint, ont pensé avoir rendu un service à l'humanité, l'avoir fait progresser sur la voie de la connaissance. Ils savaient parfaitement que cette connaissance devait finalement mener à la connaissance de Dieu. Mais plus tard, les livres issus de leurs recherches se retrouvèrent dans des bibliothèques, et personne ne les lut, car personne, à l'exception de quelques savants, n'avait de temps pour eux : encore ces derniers ont-ils à peine pu lire ce qui avait demandé le travail d'une vie. Et combien de ces pensées étaient finalement destinées à devenir fécondes, et par quels détours ! —

Après la danse de Fred et Ingo, je commandai un cognac. L'aubergiste me dit que Sibylle avait déjà chanté et ne tarderait pas à venir. Je remarquai seulement alors que les gens de la table voisine me regardaient et attendaient visiblement que je les salue. Je m'exécutai parce qu'une dame se trouvait avec eux. Elle me tournait le dos, mais elle fit demi-tour, sourit et demanda si je voulais m'asseoir à sa table. « Vous paraissez si troublé », dit-elle. Je répondis que j'étais de très bonne humeur, et rougis de confusion parce qu'elle était belle et que j'ignorais même son nom. Son cavalier était élégant, chauve, avait des yeux ternes et rusés. Elle-même avait des yeux brillants et un regard impérieux, très fort, qui se faisait tendre.

Elle parla de nombreuses personnes que j'avais vues autrefois ou qui connaissaient mes parents. Je me sentais à l'aise et nous eûmes une agréable conversation. Elle disait parfois entre deux paroles quelque chose d'étonnant à quoi je ne trouvais pas de réponse. Puis elle se taisait et son regard se faisait plus intense.

« J'aimerais savoir où vous étiez la nuit dernière, dit-elle. J'aimerais savoir où vous passez votre seconde vie.

— Je préfère que vous ne le sachiez pas », dis-je, et c'était une réponse maladroite et orgueilleuse qui me fit à nouveau rougir.

Elle rit et son cavalier fit de même. Il ne disait jamais rien de lui-même, mais se joignait après coup à sa femme comme pour confirmer ses dires. Elle lui lançait alors un regard amical et semblait l'apprécier. Je fus étonné d'apprendre qu'il était son mari. Il me semblait très insignifiant.

Quand Sibylle parut, je me levai, pris congé, et nous allâmes nous asseoir tous deux à ma table.

Quelques jours plus tard, madame de Niehoff m'invita à dîner. Je l'avais complètement oubliée. Je fus étonné en la revoyant car elle était en vérité beaucoup plus belle que dans mon souvenir. J'arrivai un peu trop tôt, sa petite fille était encore avec elle et prenait son dîner sur une petite table bleue. C'était une très belle enfant de cinq ans environ et je l'aimai sur-le-champ. Elle avait les cheveux blond clair, était très tendre et portait le même prénom que sa mère : Irmgard.

Lorsque nous fûmes seuls, madame de Niehoff me dit qu'elle me croyait malade et qu'il serait mieux pour moi de rentrer dès maintenant. Je ne me sentais pas plus mal qu'à l'ordinaire. « Mais ce n'est pas possible d'avoir une mine pareille, dit-elle. Je suis plus âgée que vous, j'ai le droit de vous faire des reproches, et je vais prendre soin de vous. »

Je dis : « Merci », et ma gorge se serra. À vrai dire, je pensais qu'elle allait maintenant me questionner au sujet de Sibylle, me demander par exemple si j'avais une liaison avec elle. Et la pensée que je ne serais jamais en mesure de lui expliquer comment les choses étaient en réalité avec Sibylle me désespérait. Elle rirait de moi, ou me plaindrait, et je ne pouvais supporter ni l'un ni l'autre.

Mais elle ne me demanda rien.

Deux messieurs que j'avais rencontrés un jour à une réception prirent également part au dîner, ainsi qu'une femme, une amie de madame de Niehoff, apparemment. Elle avait un visage quelconque, mais elle était très chaleureuse et s'entretint avec moi durant tout le dîner.

Je devais voir Sibylle à minuit. Je dis à madame de Niehoff qu'il me fallait partir. « Est-ce si urgent ? demanda-t-elle.

— Oui, j'ai rendez-vous, dis-je.

— Alors, faites vite et revenez ici après. » Elle me donna la clé de la maison pour éviter à la bonne de descendre avec moi. Quand son amie vit qu'elle me donnait la clé, elle regarda madame de Niehoff et parut mécontente. Mais madame de Niehoff se mit soudain à rire aux éclats et m'entraîna dans le couloir. Une fois dehors, elle me demanda : « On ne peut donc rien faire pour vous ? Je ne peux rien faire pour vous ? », et caressa mon front de sa main. Je me sentis devenir faible et descendis rapidement les escaliers.

Sibylle m'attendait déjà.

Elle voulait partir sur-le-champ : j'allai chercher son manteau et donnai un pourboire au garçon parce qu'il avait réservé ma table. Nous partîmes et je demandai si

Willy était là. J'aurais aimé qu'il vienne avec nous pour raccompagner Sibylle chez elle plus tard.

Mais il avait disparu depuis quelques jours, et Sibylle dit ne l'avoir pas revu non plus. Elle le dit d'un ton détaché et je ne la crus pas. J'avais toujours le sentiment qu'elle me cachait beaucoup de choses, mais on ne pouvait la questionner. Plusieurs semaines après notre rencontre, j'ignorais encore son véritable nom.

Nous prîmes d'abord la direction de la Gedächtniskirche, puis la Tauentzienstrasse, puis la Lutherstrasse. Après, je ne connaissais plus le chemin, mais nous roulâmes assez longtemps, et Sibylle me fit attendre devant une maison qui portait le numéro 34. La maison avait des balcons décorés et des consoles saillantes, et avait dû être une maison bourgeoise vingt ans auparavant. Elle était maintenant quelque peu laissée à l'abandon. Sibylle avait la clé de la porte d'entrée. Je l'attendis en fumant et en pensant à Irmgard von Niehoff. Je tirai sa clé de ma poche et l'examinai.

Je remarquai soudain que j'étais excité, que je ne pouvais penser qu'à madame de Niehoff et que j'aurais préféré sa compagnie à celle de Sibylle. Je m'attachai tout naturellement à cette pensée. J'étais soudain libéré de quelque chose, et un sentiment de chaleur et de tendresse enthousiaste m'envahit.

« Il existe donc d'autres femmes ? » pensai-je, en m'abandonnant au souvenir d'Irmgard.

« Il existe des possibilités très simples pour être plus heureux que je ne le suis maintenant. Je vais oublier Sibylle. Je n'aime pas Sibylle, je n'ai fait que m'habituer à sa présence, c'était une sorte de cercle enchanté dans lequel elle me retenait. Irmgard a les cheveux noirs et un regard magnifique, elle a demandé si elle pouvait faire quelque chose pour moi. — Oh, elle a un regard magnifique », me répétais-je en moi-même, et j'avais entièrement chassé Sibylle de mon esprit. Elle revint, et je fis démarrer le moteur.

Je ne lui demandai pas ce qu'elle avait fait dans la maison étrangère. La vague intuition me vint qu'elle avait là une affaire importante, qu'elle était peut-être menacée et qu'elle aurait besoin de mon aide. Mais j'avais pris l'habitude de ne pas lui poser de questions. Cela ne me regardait pas.

« Je vais te montrer la route », dit Sibylle. Sa voix venait de très loin mais demeurait inchangée.

Nous prîmes le chemin du retour et fîmes halte à un angle où se trouvaient deux taxis. Leur lumière était éteinte et les chauffeurs n'étaient pas là. Un homme se tenait devant une petite porte ordinaire et il salua Sibylle. Elle dit : « Tu pourrais peut-être entrer avec moi. Tu n'as pas besoin de parler, et si l'on t'adresse la parole, ne deviens pas grossier. » Puis elle sortit prestement quelques billets de sa poche et me les tendit.

« C'est mieux que tu les mettes dans ta veste », dit-elle, et elle ajouta, s'adressant à l'homme devant la maison :

« C'est un ami à moi. »

Il nous laissa entrer. Il y avait deux rideaux, et l'on pénétrait ensuite dans un petit bistrot qui était presque entièrement occupé par un comptoir long et large. Un homme se tenait derrière, et un grand nombre de gens étaient debout ou assis devant le comptoir et buvaient. C'étaient des chauffeurs pour la plupart, et aucun n'était habillé élégamment. Les bourgeois ressemblaient à de petits employés, ils portaient des costumes taillés dans de mauvaises étoffes lisses, bleu-violet ou rougeâtres, et des chemises multicolores avec des cravates en soie brillante.

Sibylle passa près des gens, quelques-uns la connaissaient et se retournèrent, et l'homme derrière le comptoir fut très aimable avec elle. Une deuxième pièce s'ouvrait derrière le comptoir, mal éclairée et surchauffée par un poêle en fer. La pièce était nue, des tables rectangulaires recouvertes de nappes étaient alignées les unes à côté des autres, trois par rangée. Il y avait au mur une affiche portant l'inscription :

DANS L'INTÉRÊT DE NOS RESPECTABLES HÔTES
ON EST PRIÉ DE PARLER DOUCEMENT

et une autre :

LA DIRECTION N'EST PAS RESPONSABLE
DES DISPARITIONS D'OBJETS

Les murs étaient recouverts d'un papier peint violet. Nous nous assîmes et un serveur nous dit que nous pouvions avoir des côtes de porc froid et du chou rouge pour dîner. Il était dur d'oreille et Sibylle lui répéta plusieurs fois de nous apporter de la bière. Il finit par apporter deux petits verres de bière brune.

Nous exceptés, il n'y avait dans la pièce que deux personnes, installées à une table. L'homme était grand et étonnamment gros, la femme avait des cheveux noirs et crépus comme une Noire et était très maquillée. C'était la seule femme ici en dehors de Sibylle, et Sibylle dit que c'était un homme travesti. Au bout d'un moment, l'un des chauffeurs entra et vint s'asseoir à notre table. Il ne fit pas attention à moi et s'adressa doucement à Sibylle. Elle semblait assez en colère et lui dit qu'il n'était pas question qu'elle lui donnât une certaine chose, et lorsqu'elle ajouta d'une voix forte : « Il n'en est pas question », il se leva en haussant les épaules et s'en alla.

Je ne posai aucune question, mais la scène me fut désagréable : je fus heureux quand Sibylle appela l'aubergiste. Elle semblait assez épuisée. Il était déjà quatre heures du matin. J'étais mort de fatigue, je pensais à madame de Niehoff et me sentais malheureux. Mais je n'aurais pu abandonner Sibylle.

« Maintenant, je te ramène chez toi, lui dis-je en l'enlaçant de mon bras.

— Je ne peux pas, dit-elle. Je ne puis rentrer maintenant. »

Mon courage fléchit. La bière avait encore augmenté ma fatigue, j'avais maintenant des maux de tête et lorsque je regardai la rue à travers la vitre, les deux rangées de maisons se fondirent l'une dans l'autre, et le bruit rugissait à mes oreilles, et des obstacles infranchissables bloquaient mon chemin.

« Partons, maintenant », dit Sibylle. Elle suppliait presque. Je frappai du poing le volant.

« Mais tout cela a-t-il un sens ? dis-je. Pourquoi devons-nous toujours rester éveillés ? Je ne le supporte plus. »

Sibylle m'abandonna à moi-même un court moment, et je fermai les yeux, appuyant mon front sur mes mains.

« Mais tu le supportes très bien, dit-elle. Il est bon que, pour une fois, tu vives contre ta raison. Je sais que je ne suis pas très facile. »

Il y avait une sorte de promesse dans sa voix. Mais je ne voulais pas l'entendre. Je savais parfaitement qu'elle ne m'aimait pas, et j'en ressentais une douleur, comme si je l'avais déjà perdue.

Je pensais à madame de Niehoff comme l'on pense à sa terre natale, mais tout était à nouveau hors d'atteinte, et je n'avais plus confiance en moi.

Je raccompagnai Sibylle chez elle, elle n'y fit plus d'objection. Pendant que nous roulions, il se mit à pleuvoir et la voiture glissait dangereusement sur l'asphalte.

Lorsque Sibylle descendit, il pleuvait déjà à torrents. Je l'accompagnai jusqu'à sa porte, les dents serrées, et elle resta silencieuse. Une fois la porte ouverte, elle se tourna vers moi et redressa le col de mon manteau.

Je retournai à la voiture, complètement trempé. Je pensais avoir de la fièvre, je ne pouvais plus desserrer les mâchoires, et je me rendis, sans avoir clairement conscience de mon acte, à la demeure de madame de Niehoff. Arrivé là, j'éteignis avec soin le moteur, trouvai la clé, l'interrupteur et la serrure de sécurité de l'appartement. Je savais que je faisais quelque chose d'impossible, mais cette idée ne pénétra pas assez en moi pour éveiller ma volonté. Il arrive ainsi parfois que l'on roule, l'agent se tient sur la route, les bras étendus pour arrêter la circulation, on le voit, on voit ses gants blancs et ses bras étendus, et pourtant, on continue de rouler et l'on plonge son regard dans le visage de l'agent : et après, personne ne croira que l'on n'a pas saisi ce que signifiait son bras tendu…

Je me trouvai dans l'appartement étranger en oubliant que je pouvais réveiller une domestique et que j'ignorais dans quelle pièce je pénétrerais. Je traversai la grande salle de séjour, un couloir, passai devant deux portes. Je frappai à la troisième et tournai la poignée avec précaution. La femme qui était allongée dans la chambre se retourna et alluma une petite lampe. Elle me regarda droit dans les yeux et dit aussitôt :

« Ne dites rien. L'enfant va s'éveiller. »

Cela me toucha beaucoup. Je retraversai le couloir et la grande pièce et m'arrêtai près de la porte de la salle de séjour. Je m'appuyai contre la porte : lorsque je relevai la tête, je me vis soudain dans un grand miroir mural, mes cheveux mouillés collaient à mes tempes et j'avais l'air terriblement pâle. J'inclinai la tête et attendis. Vraiment, maintenant, je pleurais. J'avais honte et j'étais sans défense. Je souhaitais avec ardeur que la femme vînt, et l'instant d'après, je souhaitais à nouveau me trouver seul dans la rue.

Elle venait, à présent. Elle alluma la lumière, s'avança sur le tapis et fit le tour de la table, elle se tint dans l'embrasure de la porte et me regarda. Je la regardais aussi et j'avais cessé de pleurer, mais tout mon corps tremblait sans que je pusse l'en empêcher.

« Entrez », dit Irmgard. Elle s'avança vers moi dans la salle de séjour. Elle s'assit sur une grande chaise, et j'étais assis en face d'elle.

« Vous êtes devenu fou, dit-elle.

— Oui, dis-je. Non, je ne suis pas fou. Seulement, je suis tellement fatigué. »

Elle était assise là et regardait la pointe de ses pieds. Elle portait des pantoufles bleues en cuir, ses pieds étaient très blancs, et la peau était tendue sur les os fragiles.

« Je suis désolé, dis-je. Je vous demande pardon. »

Naturellement, j'aurais dû me lever, prendre congé et partir. Mais je ne pouvais pas faire cela, je n'avais plus la moindre force. Je ressentais un curieux mélange de mépris pour moi-même, de satisfaction et de détresse.

« Je ne suis pas mal élevé, d'habitude », dis-je.

Irmgard se pencha, sourit et passa plusieurs fois sa main sur mes yeux. Je pressai mon front contre sa main.

« Vous avez peur d'être seul ? dit-elle doucement. Vous voulez rester ici cette nuit ?

— Oui, dis-je.

— Bien, dit-elle. Vous me compromettez, vous n'y avez malheureusement pas songé. Vous pouvez dormir dans la chambre de mon mari.

— Est-il en voyage ? » demandai-je avec hésitation. Irmgard répondit brièvement :

« Si ce n'était pas le cas, vous auriez dû dormir ici, sur le divan. Vous avez eu de la chance. Je vais vous faire du thé. Entrez donc et allongez-vous. »

Elle ouvrit une porte, fit de la lumière et prit un pyjama dans l'armoire.

« Tenez », dit-elle, puis elle s'éloigna.

Je restai debout quelques instants et m'appuyai de la main contre le rebord du lit. C'était un lit large, recouvert d'un tissu bleu. Une photo d'Irmgard était posée sur la petite table à côté. Je me sentais dans un état très curieux et pensai que, sans tarder, quelque grande erreur apparaîtrait clairement : peut-être n'était-il pas du tout cinq heures du matin et cet appartement ne se trouvait-il pas à Berlin, dans cette rue, peut-être ne connaissais-je aucune femme du nom de Sibylle, peut-être n'avais-je jamais été dans un cabaret de malfaiteurs, peut-être qu'Irmgard ne reviendrait jamais – oui, surtout, Irmgard ne reviendrait jamais.

Puis soudain, je me déshabillai vivement, me jetai sur le lit et sentis, en même temps que mes maux de tête, la merveilleuse fraîcheur du lin de l'oreiller, son léger parfum d'eau de toilette. Je fermai les yeux et attendis une femme. Il n'y a rien de plus merveilleux que d'attendre une femme.

18

Je fus malade peu après. En fait, la nuit où j'étais resté chez Irmgard, j'avais déjà surmonté le plus grave. Je dormis onze heures d'affilée, puis une jeune fille entra pour m'apporter à manger : je pensai qu'il s'agissait du petit déjeuner, mais il était déjà cinq heures du soir. Je voulus me lever, tout se mit à tourner autour de moi et je n'avais aucune force dans les membres. Irmgard entra, tenant sa petite fille par la main. Je m'allongeai à nouveau, pris mon repas : la petite enfant me regardait. J'aimais beaucoup Irmgard et lui jetais de temps en temps des regards, mais elle s'occupait de l'enfant. Plus tard, je pris un bain, m'habillai : je me sentais mieux et jugeai inutile le chauffeur qu'Irmgard avait appelé pour me ramener chez moi dans ma voiture.

Il avait fait assez froid et la voiture ne démarra pas. Nous essayâmes longtemps, mais je dus finalement prendre un taxi. Le chauffeur me promit qu'il traiterait ma voiture avec précaution et qu'il la reconduirait au garage. Il me rapporta les clés à neuf heures, Irmgard appela juste après pour me souhaiter bonne nuit. J'étais déjà allongé et je savais fort bien que j'allais rester couché maintenant et que j'allais être malade, et j'en étais très satisfait. La femme de chambre entra avec le courrier, et je lui racontai une histoire pour lui expliquer pourquoi je n'avais pas dormi chez moi. Quelqu'un m'avait demandé au téléphone en mon absence, mais cela ne m'intéressait pas. Je n'avais pas de fièvre, au contraire : de l'hypothermie, des maux de tête et des vertiges. Je me sentis bien, une fois allongé calmement. Irmgard me rendit visite le lendemain et revint le soir. Elle m'embrassait toujours et restait toujours assise si près de moi que je pouvais la toucher de la main.

Willy vint trois ou quatre jours après. Il avait l'air très comme il faut, et il avait dit au portier qu'il devait me remettre une lettre. Je fus très effrayé lorsqu'il frappa à la porte, bien que je ne pusse savoir qui était là.

« Bonjour, Willy », lui dis-je.

Il s'assit, une bouteille de Vermouth sous le bras. La marque n'était ni Cinzano ni Cora, mais une marque spéciale que Sibylle commandait toujours pour elle.

Nous bûmes et Willy me raconta qu'il ne voulait plus s'occuper de la garde des voitures. Il souhaitait apprendre un métier. Je lui dis : « En écrivant à mon père, je recevrai peut-être un peu d'argent pour toi et tu pourras suivre une véritable formation. » Mais il secoua la tête et je vis que je l'avais blessé.

« Comment va Sibylle ? », demandai-je. J'avais posé sa photo près de mon lit et Willy ne cessait de la regarder.

« Elle a eu une dispute voilà trois jours, dit-il, et elle ne supporte pas les disputes.

— Je l'ai moi-même raccompagnée chez elle il y trois jours, dis-je en refaisant le calcul.

— Oui, dit-il. Je l'ai rencontrée dans le cabaret des chauffeurs. Elle avait faim.

— Et après ?

— Elle m'a renvoyé. Elle s'était disputée avec le chauffeur. J'ai attendu dans la rue jusqu'à sept heures. Puis le chauffeur nous a ramenés chez nous.

— Que t'a-t-elle dit ?
— Rien. Elle ne dit jamais rien. Mais elle pleurait lorsqu'elle est sortie dans la rue. »

Je me redressai sur le lit.

« Elle a pleuré ? », demandai-je.

Willy acquiesça et me versa du Vermouth.

« Bois donc », dit-il. Il avait apparemment pitié de moi.

« Mais tu aurais dû remarquer qu'elle ne voulait pas rester seule cette nuit-là. Moi, je le vois toujours. Alors, je reste, même lorsqu'elle me renvoie chez moi.

— Elle ne m'a pas renvoyé, dis-je. J'étais trop fatigué. »

Willy n'ajouta rien.

Il partit vers dix heures du soir. Je m'endormis tôt et me réveillai dans la nuit vers deux heures. J'avais rêvé de Sibylle. Je m'habillai, ce fut très pénible et je pleurais presque de fatigue. Il faisait très chaud dans le garage, étouffant, on avait lavé ma voiture, et lorsque je mis la lumière, la laque sombre se mit à miroiter.

Je me rendis au Walltheater, garai la voiture dans une rue adjacente et entrai. Le portier me salua. J'allai vers la table et aperçus Sibylle de loin. Ce fut terrible, mes jambes se dérobèrent sous moi ; tout le monde me regardait avec étonnement. Tous, excepté Sibylle. Elle me donna la main et dit : « Te voilà enfin », de sa voix très sèche, lointaine et chaude.

« J'étais malade », dis-je.

Elle posa sa main sur la mienne.

Lorsque je commandai du whisky, elle dit :

« Ne te retourne pas. Monsieur de Niehoff est assis derrière nous. »

La scène était déjà sombre, les hôtes s'en allaient. Le chef vint à notre table, me salua et tapota l'épaule de Sibylle.

« J'ai quelque chose pour vous », dit-il en tirant des photographies de sa poche. Sibylle, derrière un voile clair, les traits comme effacés, irréels : ses yeux brillaient très loin, à une grande profondeur, comme deux fleurs pâles.

« Tu ne peux pas me raccompagner aujourd'hui », dit-elle.

Nous étions près de ma voiture et Willy nous tenait la porte ouverte. Sibylle me prit par les épaules, me fit pivoter lentement, sans me quitter un instant du regard. Puis elle inclina légèrement ma tête et caressa vivement mon visage de son front, de ses tempes, de ses joues, de son menton.

Je revins dans ma chambre à quatre heures du matin, tout à fait épuisé.

Erik était installé au bureau.

« Madame de Niehoff a appelé, dit-il. Elle m'a dit que tu étais malade.

— Cela va mieux, dis-je.

— J'aimerais te demander quelque chose, dit-il. Mais je vais être très indiscret.

— Je t'en prie, dis-je.

— Quelles sont tes relations avec Sibylle ? Comment te représentes-tu nos relations ? Nous sommes des êtres raisonnables, tout de même.

— Je ne sais pas », dis-je, et soudain, en regardant Erik, je compris quelque chose et dis : « Tu es allé plus loin que moi. Tu la connais depuis plus longtemps, et elle t'a aimé. Moi, elle ne m'aime pas.

— Tu sais donc, dit-il presque sévèrement.

— Si c'était nécessaire pour moi, elle accepterait de faire l'amour avec moi aussi », dis-je, profondément blessé. Nous étions de véritables ennemis.

« Tu mens, dit Erik. Pauvre garçon. Irmgard dit qu'il n'y a rien à faire pour toi. Il faudrait simplement que quelqu'un s'occupe de toi, et elle n'a pas le temps pour le faire.

— Les gens n'ont jamais le temps lorsque c'est nécessaire.

— Comprends donc, cela ne convient pas à quelqu'un comme toi d'être l'esclave d'une chanteuse de variété, dit Erik. C'est de mauvais goût. Cela te corrompt. Mon Dieu, je ne te fais pas de reproches, mais tu es si gâté, tu pourrais mener la belle vie.

— Mais Sibylle dit que je devrais enfin apprendre qu'il y a plus important qu'une bonne réputation : que je ne dois pas être gâté. Elle dit que c'est dommage pour moi.

— Que veut-elle faire de toi ? Oui, par Dieu, c'est dommage pour toi. Ne vois-tu pas que Sibylle ne peut t'aider ?

— Si l'on prenait vraiment soin d'elle…, dis-je. Elle a peut-être besoin de quelqu'un. »

Erik répondit :

« Nous avons tous besoin de quelqu'un. »

Il partit, et une terrible désolation m'envahit. Il y avait une lettre sur le bureau, c'était une invitation à une réception chez l'ambassadeur de Grande-Bretagne et Magnus avait ajouté à la main qu'on lui avait demandé mon adresse. C'était donc que j'avais laissé sans réponse des invitations antérieures. Il écrivait que je devais absolument me rendre à cette réception, que c'était certainement ma dernière chance.

Je tournai en rond dans la pièce, imaginant qu'il me faudrait porter un costume, rencontrer des milliers de visages familiers, cette idée m'était insupportable. J'appelai alors Sibylle et sa voix chaude, encore tout entière prise dans le sommeil, me réconforta.

« Il faut que tu dormes », dit-elle. Sa voix était à peine audible.

« Je vais dormir, dis-je.

— Tu n'as pas à être triste, dit Sibylle. Je suis là, tout de même. Je sais que tu as besoin de moi. Je suis là. Tout va bien. »

Sa voix s'était évanouie.

Peut-être était-elle endormie.

Je me déshabillai, presque heureux.

Puis, quelque chose se raidit en moi, je ne pouvais pas dormir et j'étais violemment agité par moments. « Je ne retournerai plus au Walltheater, pensai-je. Je ne boirai plus. Mais cela ne servira à rien non plus. Sibylle pensera simplement que je suis comme les autres et que j'ai renoncé moi aussi. Elle pensera que je choisis la facilité et que j'ai peur de mettre ma carrière en danger. Et c'est vrai, et elle est plus forte que moi. Je n'ai le choix qu'entre supporter cette situation ou perdre Sibylle. »

Puis je m'endormis. Je me souviens avec précision de mon rêve. Je rêvai de Sibylle. Je voyais soudain son visage, il était étonnamment proche, quelqu'un me martelait sa présence, quelqu'un tenait mon cœur et prononça le nom de Sibylle de telle façon que les coups cessèrent, quelqu'un éclaircit mon cerveau l'espace de quelques secondes, le libéra de toute pensée et lui apprit à comprendre Sibylle. Mes nerfs vibraient comme des cordes tendues au contact d'une main.

Mon corps dégrisé en fut agité et comprit de lui-même la souplesse tendre de Sibylle.

Cet instant prit fin, oui, même cet instant prit fin. Sibylle pressa son visage contre mon cou avec un sourire incomparable ; je vis, en pâlissant, ses yeux maquillés, omniscients, et qui brillaient d'une lueur mate.

Je dis « en pâlissant », car, l'instant d'après, je ressentis le choc du réveil, ce fut très pénible, je n'éprouvai plus rien si ce n'est une douleur insupportable dans la région du cœur, je me trouvai brusquement projeté en avant, désemparé, les poings tendus, serrés.

19

Il est temps d'arrêter. Le chemin est long jusqu'à chez moi. J'ai écrit durant quatre heures, je veux maintenant mettre les feuilles en ordre et rentrer. Je suis un peu perdu. On ne devrait pas écrire... On est si prompt à oublier ce qu'on a vécu et à convaincre de mensonge ses sentiments. Je pense souvent que je ne ressens rien, et, peu après, je pense que tout cela n'était pas très important. Plus tard sans doute, je penserai sérieusement que je n'ai pas aimé Sibylle. Non, je ne l'ai jamais aimée. Tout était très calme en moi, comme aujourd'hui où je peux entendre le vent, dehors. Suis-je lâche ou n'ai-je pas un désir assez fort de me transporter en pensée vers une époque révolue ? Même les sentiments de bonheur font mal dans le souvenir, et l'on préfère passer son chemin. Mais lorsque j'écris, tout revient de soi-même, je ne le remarque pas, et soudain, je me retrouve au milieu de tout cela, agité et perturbé.

Il faut absolument que je me le répète sans cesse : je suis seul.

L'aubergiste me demande si je suis un poète. « Oui, dis-je. Mon Dieu, oui. » Puis je prends congé et il m'ouvre la porte. Le chemin me semble maintenant plus court que ce matin. Je dînerai tôt, puis j'irai me coucher. Je peux dormir aussi longtemps que je veux.

J'espère que les chasseurs ne sont plus là. Ils ont chanté hier, et je ne pouvais m'endormir. Ils avaient sans doute abattu beaucoup d'animaux, ils s'en félicitaient et trinquaient entre eux.

Et puis, en quoi cela me concerne-t-il ? Qu'ai-je à voir avec ces gens ?

Je m'écarte du chemin et me promène autour du petit lac. Il commence déjà à faire sombre et l'on ne rencontre plus personne. Si j'étais un vagabond, je pourrais toujours faire ce qui me vient à l'esprit, sans avoir à rendre de comptes. Pas même à moi, car que suis-je, sinon une âme errante ? Je n'arrive pas à saisir la vie, pas même les connexions les plus simples, et pourtant je suis responsable de mes erreurs.

Ou bien j'aimerais posséder de vastes terres, ces champs et une partie de la forêt, et le lac, et le parc derrière. J'habiterais ici et je n'en partirais plus. Je serais heureux, alors, et personne ne pourrait me prendre mon bien, et rien ne pourrait m'ébranler. Le sol, on ne peut pas vous le prendre.

Je suis maintenant arrivé à l'extrémité du lac et, en face, se dressent le château et la galerie de colonnes qui sépare les deux ailes. Les colonnes s'élèvent comme de jeunes troncs d'arbres dans le ciel bleu du soir.

Je suis près de la rive, l'eau est animée d'un léger mouvement de flux et de reflux, elle s'avance un peu sur le sable grossier. Puis elle se retire à nouveau, et ce qui demeure en arrière est absorbé et creuse de petites rigoles qui sont ensuite recouvertes et lissées. Plus loin, le lac semble très tranquille et, sur l'autre rive, les arbres du parc se penchent légèrement sur l'eau et s'y reflètent. Ici, la rive est assez abrupte et dénuée d'arbres. On a installé un éclairage qui monte jusque vers les hauteurs de la forêt et, à l'emplacement le plus élevé, Frédéric le Grand a érigé un monument. Ce n'est qu'une grande pierre grise, un obélisque, et le Roi l'a fait édifier en l'honneur de ses fidèles officiers. Ils se sont distingués par leur courage et leur fidélité, et leurs noms ont été gravés dans la pierre. On peut les lire, et ils sonnent comme des éclats de fanfare. Je ne sais pourquoi, mais la lecture de ces noms a quelque chose qui élève l'âme. J'ai déjà dit auparavant qu'il y avait beaucoup d'officiers dans ma famille. Pourtant, je n'ai pas songé à eux à ce moment-là. Mais soudain, j'ai chaud, mon cœur se met à battre, et je pense que je me suis déjà trouvé à cet endroit. J'ai honte, j'aimerais avoir une épée, j'ai honte et, pourtant, je suis seul, et je lis sur la pierre le nom de mon ancêtre.

20

Mais je vais maintenant continuer d'écrire et achever ainsi ce récit. Je ne suis plus fatigué. Je m'habitue à la solitude. Tout est irréel et transformé, si éloigné des choses habituelles. J'aimerais être libéré de quelque chose, mais j'ai peur de respirer profondément. Je ne vois toujours que les prairies, les montagnes gris-bleu et les arbres de la forêt, et je ne pense pas qu'il existe d'autres contrées, campagne ou ville, où je retournerai. Je ne veux pas en entendre parler. On peut donc vivre seul ? On peut donc se dérober aux formes de vie habituelles ? On m'a menti : j'aurais pu vivre avec Sibylle. Certes, le monde n'aurait pas été d'accord avec moi et m'aurait puni. Il y a des lois, disait Erik. Je le haïssais d'être plus fort que moi. Et j'étais pourtant convaincu que j'avais une affection sincère pour lui. Oh, j'étais convaincu que, jamais, je ne serais jaloux et qu'il n'y aurait pas de place en moi pour de pareils sentiments. Mais lui, Sibylle l'a évidemment tenu entre ses bras, cela l'a libéré et il a suivi son chemin sans être blessé. Il n'avait pas de blessures, personne ne pouvait lui faire de reproches, et il aimait encore Sibylle, et rien ne pouvait avoir de prise sur lui. Il me disait qu'il fallait reconnaître certaines nécessités de la vie. Cela n'avait rien à voir avec des préjugés sociaux, disait-il, mais avec notre âme, avec notre relation à Dieu. J'étais prêt à le reconnaître, et je me sentais très coupable. Mais je ne suis qu'un être humain et il en parlait à son aise. Il disait qu'il n'y avait pas d'autre péché que de tirer sa force de Dieu et de la jeter dans le vide. Il disait qu'aucune expression de la volonté, qu'aucun sacrifice n'étaient justifiés s'ils n'étaient pas au service du Tout et de l'accomplissement personnel.

« Comment connaître ma forme personnelle ? lui disais-je.

— Tu dois croire que Dieu t'aime, disait Erik. Alors tu ne feras rien qui ne te corresponde. »

Il était croyant.

Le soir, je me rendis à la réception de l'ambassadeur britannique. Il y avait beaucoup de monde, et je connaissais bon nombre de ces gens. Tous furent aimables avec moi, ils s'enquirent de mon travail et dirent qu'il me fallait des vacances pour me remettre. Un vieux monsieur que je connaissais à peine m'invita dans son domaine de Prusse orientale. Je me sentis bien durant toute la soirée et restai jusqu'à une heure assez avancée. Il y avait un bon buffet et beaucoup de champagne, j'avais pris place parmi quelques jeunes Anglais de l'ambassade et m'entretenais avec eux. Ils disaient que les jeunes en Angleterre n'étaient pas encore assez éduqués, mais que beaucoup avaient changé et s'intéressaient aux pays étrangers. Ils parlaient très bien l'allemand. Ils me proposèrent de partir cet été avec eux à Oxford et d'y suivre un cours de vacances. L'idée me plut. L'un des Anglais voulut partir peu après, et nous nous en allâmes ensemble. En arrivant à la voiture, je trouvai Willy qui m'attendait là. Je remarquai soudain à quel point il était pâle et maigre, et je pensai qu'il fallait faire quelque chose pour lui. « N'es-tu pas gelé ? », lui demandai-je. Il dit : « Voilà une heure que je suis ici. » Le jeune Anglais prit congé. Je crois qu'il se faisait de fausses idées sur Willy.

Nous partîmes. Il était une heure du matin. Nous croisâmes un certain nombre de voitures. Après le Tiergarten, nous passâmes le pont, puis longeâmes le quai Lützow.

« Sibylle n'est pas au théâtre, dit soudain Willy. Elle vous attend à la taverne.

— Elle n'a pas chanté ? demandai-je.

— Non, elle a refusé.

— S'est-il passé quelque chose ? »

Willy regarda droit devant lui et murmura :

« Elle ne veut pas que je vous en parle.

— C'est absurde, dis-je. Je suis son ami.

— Oui, oui, dit Willy d'un ton apaisant. Mais elle est ainsi. Et maintenant, on veut lui retirer l'enfant. »

Il me regarda. Je me tus.

Je ressentis une impression étrange. C'était comme si la terre perdait soudain sa force de pesanteur et me lâchait dans le vide. Je tenais fermement le volant de la voiture, mais mes pieds étaient loin, sans ancrage, et j'étais moi-même léger et vide, j'aurais pu voler dans l'espace, et ma respiration aussi était légère et presque superflue. Willy dit près de moi : « Mais ce n'est pas son enfant. Sa mère est morte, et Sibylle l'a pris avec elle. »

J'avais vécu auprès de Sibylle, je l'avais vue chaque jour et toutes mes pensées avaient été pour elle, et au même moment, elle avait été ailleurs. Je l'apprenais maintenant et me sentais vide, et cependant, j'aurais dû en être soulagé ou consolé...

« De quel enfant s'agit-il ? », demandai-je. J'avais donc eu raison. Elle ne me trompait pas, elle ne se moquait pas de moi.

Elle avait un enfant.

« Elle en a pris la charge à la place du père, dit Willy. Personne ne le sait. Il a été arrêté pour trafic de stupéfiants. Elle a promis de prendre soin de l'enfant. Mais elle n'a pas d'argent. »

Je roulais lentement. La route était glissante et sombre. Au moment où je passais un carrefour, la lumière de ma propre voiture sembla surgir de la rue latérale et vint se briser contre la vitre.

« Il est toujours possible de trouver de l'argent, dis-je.

— Mais le chauffeur veut lui retirer l'enfant, dit Willy. C'est le frère de la mère. Le tribunal l'a désigné comme tuteur. Il en a le droit.

— Pourquoi ne veut-elle pas lui remettre l'enfant ? demandai-je.

— Elle dit qu'elle ne peut pas vivre sans l'enfant, fit Willy, accablé. Les femmes sont ainsi. Elle l'aime. »

Nous laissâmes la voiture à quelques maisons de la taverne, après avoir mis la housse du radiateur.

« Va devant, dis-je.

— Non, dit Willy. Elle ne sait pas que je suis allé te chercher. »

Je lui demandai brusquement :

« Pourquoi n'es-tu pas allé chercher Erik ?

— Il ne fera rien pour elle. Sibylle ne veut pas que je lui demande quoi que ce soit. Elle dit qu'il est son ami, mais qu'il n'a pas besoin de tout savoir. »

Je me sentis un peu plus heureux et moins accablé. Je passai en vitesse devant le portier. Sibylle était assise à l'une des premières tables et fumait. Elle était merveilleusement belle. Elle me demanda si j'avais mangé et commanda une bière pour moi. Willy était resté à l'extérieur, au comptoir.

« Que se passe-t-il ? » demandai-je. Sibylle me regarda d'un air interrogateur et dit : « Rien. Il ne se passe rien. »

Nous étions très étrangers l'un à l'autre. Je le sentis avec énervement, et je ne savais que faire. Nous restâmes assez longtemps sans parler.

« Où en sont les choses avec l'enfant ? demandai-je en hésitant.

— Il est malade, dit Sibylle. Je dois le reprendre avec moi.

— Est-ce qu'il te le permettra ?

— Tu devrais faire quelque chose pour moi, dit-elle. Je n'ai eu cette idée qu'aujourd'hui. Tu devrais t'engager à prendre soin de l'enfant. »

Je sentis quelque chose devenir froid en moi. Même mes mains étaient froides.

« Je devrais l'adopter », dis-je.

Sibylle resta silencieuse.

« Quand dois-tu avoir la réponse ?

— N'en parle à personne, dit-elle brièvement. Appelle-moi demain. »

Nous sortîmes, montâmes dans la voiture et partîmes. Je voulais lui proposer de venir chez moi, j'avais terriblement besoin de l'avoir seule à moi, de la consoler, de combler l'abîme qui nous séparait. Mais j'avais peur de le lui demander en cette circonstance. Elle aurait certainement été blessée.

Pendant le trajet, elle posa sa main sur mon cou et l'entoura de ses doigts. Elle ne disait rien.

« Est-ce très grave ? demandai-je.

— Oui, dit-elle. C'est ma vie. Mais j'étais en train de penser que je ne pourrai pas garder l'enfant.

— Je t'aiderai », dis-je. Ma voix était incertaine. Elle resserra ses doigts autour de mon cou.

« Chéri, dit-elle. Je sais que tu ne m'aideras pas. Vous êtes tous semblables, vous en êtes incapables. »

Puis nous arrivâmes à son appartement. Elle descendit, prit la clé dans sa poche, me donna la main et monta les escaliers jusqu'à sa porte. Il y avait trois marches et, à travers la vitre basse de la voiture, je ne voyais que ses jambes très fines et ses chaussures de soirée effilées. Elle portait ce jour-là un vêtement court, car elle ne chantait pas au théâtre.

Je restai assis au volant. J'étais comme paralysé.

Lorsque Sibylle vit que je ne démarrais pas, elle revint sur ses pas et je lui ouvris la portière. Elle s'assit à côté de moi et attira ma tête contre elle.

« Peut-être que je pourrais t'aimer, dit-elle. Mais ne sois pas désespéré. J'ai été très bonne avec toi, tu le verras plus tard. »

Lequel des deux devait être consolé, à présent ?

« Je vais partir, dit-elle. Mais peut-être viendras-tu avec moi ?

— Est-ce que cela te ferait plaisir ? demandai-je, oppressé.

— Oui, dit-elle. Sinon, je ne te le proposerais pas.

— Nous emmènerons l'enfant », dis-je.

Mon Dieu, maintenant elle souriait. Elle lâcha ma tête, et sourit. Et Willy avait dit qu'elle avait pleuré.

« Notre relation à Dieu vient en premier lieu. Tout ce qui est personnel est sans importance. Tu dois vivre conformément à ton âme. Tout ce qui t'en détourne est un péché. Il n'y a pas d'autre péché que de se laisser détourner de Dieu. »

Et elle avait pleuré !

Ah, il n'existait pas d'autre péché que de faire souffrir Sibylle.

« Je ferai tout pour t'aider », fis-je.

Elle ne dit plus rien. Elle descendit pour la seconde fois. Et, cette fois, je démarrai aussitôt.

Le lendemain, j'eus un entretien avec un avocat que j'avais connu par l'intermédiaire d'Erik. Il dit qu'il s'occuperait de l'affaire, et, après mon départ, il appela Magnus. Ce n'était pas correct de sa part, mais il avait certainement de bonnes intentions. Il alla également voir Sibylle, mais elle le repoussa. Lorsque je voulus parler à Sibylle dans l'après-midi, l'aubergiste me dit qu'elle dormait encore, mais que je pourrais la rencontrer le soir au Walltheater. Il était très difficile de faire quelque chose pour elle. Je me sentis très mal toute la journée et vomis à plusieurs reprises. Erik m'envoya un médecin qui m'examina et dit que mon organisme était affaibli et que les nerfs de mon estomac ne fonctionnaient plus.

Je tentai à nouveau de joindre Sibylle. Elle décrocha et me dit que je n'aurais rien dû entreprendre d'officiel sans la consulter. « Pendant que tu y es, envoie-moi directement la police ! » dit-elle. J'avais oublié qu'elle ne voulait avoir affaire ni à la police ni à des fonctionnaires.

Erik m'appela alors. Il voulait mettre mon père au courant. J'élevai la voix et lui demandai de n'en rien faire. Je dis : « Vous êtes tous devenus fous. » Mais c'est moi certainement qu'ils tenaient tous pour fou. Je haïssais Erik. À quatre heures, j'appelai la femme de chambre et fis préparer un bagage à main.

J'étais terriblement troublé et pensais que tout ce que je voulais faire était mauvais. Je me dit qu'il eût été mieux de me rendre chez mon père et de lui demander de me laisser partir avec Sibylle. Mais je vis que je me serais rendu ridicule. On me traiterait en lycéen. Puis je décidai de parler avec Sibylle. Mais elle m'avait offert sa confiance et je la décevais, et tout cela était simple et clair.

Je me jetai sur mon lit, hors de moi, désespéré de ne pas trouver d'issue.

Puis je mis mon manteau, pris la sacoche et descendis chercher la voiture.

J'aurais aimé revoir Irmgard. Mais j'avais peur de redevenir faible en face d'elle, et je devais partir. Je pris un autre chemin pour éviter de passer devant sa maison. Il faisait déjà sombre, et il me fallut presque une heure pour sortir de la ville.

21

Les chasseurs sont partis hier. On ferme maintenant la salle du restaurant, et je mange dans la pièce de l'auberge où les gens du village jouent aux cartes le soir. C'est aussi là que j'écris, j'ai une table près de la fenêtre qui donne sur la place. Je pense que je partirai bientôt, peut-être demain déjà. Je le dirai au garage ce soir. En fait, je voulais relire tout ce que j'ai écrit jusqu'à maintenant. Mais peut-être cela me déplairait-il. C'était pour Sibylle, je l'ai écrit pour elle, et elle ne le lira sans doute jamais.

J'ai bu un café. Il est trois heures. J'aimerais encore me promener, et je traverse le parc.

Le grand portail est fermé à sept heures du soir, mais de l'autre côté du lac, il n'y a pas de portail, la forêt commence juste derrière et, en continuant, on arrive sur le chemin vicinal qui la traverse et relie entre eux les villages isolés.

Aujourd'hui, je reste à proximité du château, tout est très calme entre les arbres et le sol est moelleux, comme recouvert d'un tapis d'aiguilles de pins. À l'intérieur du parc, il arrive que les sentiers s'interrompent, les buissons deviennent épais et il est difficile de s'y frayer un chemin. J'aimerais atteindre l'extrémité du parc, mais il faut un certain temps pour cela, et plus d'une fois il me semble que j'ai perdu ma route et que je m'en retourne vers le château ou la rive du lac.

Mais voici que brusquement, je me retrouve à l'extrémité du parc, face à de grands espaces. C'est assez surprenant. On voit le ciel gris qui se penche sur les champs bruns, et les champs s'étendent jusqu'à l'horizon. Là, ils se mêlent au ciel, et l'on ne distingue plus les couleurs. Il faisait chaud dans la forêt, et l'air était léger : ici, il s'écoule lourdement sur moi, tout est violent et la plaine s'ouvre juste à mes pieds puis s'élargit ainsi qu'un grand fleuve. Les arbres au-dessus de moi sont agités par le vent, et l'on dirait que ce bruissement remplit le ciel comme les coups d'ailes impétueux d'oiseaux migrateurs. Je suis adossé à un tronc d'arbre. Il y a ici la forêt et la fin de la forêt, et la terre, et l'odeur de la terre et des feuilles sous les pas, et il y a le vent, et une étendue infinie de terre, et l'entremêlement des couleurs assourdies, et le froid va venir, puis à nouveau la chaleur, et le sol s'ouvrira, les fruits le feront exploser, ils seront mûrs alors.

Et j'ai envie de partir d'ici.

Je pense que je pourrais peut-être aller à la mer. Elle n'est pas loin, en quelques heures je puis atteindre la Baltique. Là-bas, je regarderais les bateaux dans le port et les marins, et je pourrais boire avec les marins et partir avec eux plus tard. Ou bien je retournerais à la ville. Je pourrais à nouveau retrouver l'amitié de Magnus et travailler à la bibliothèque, et tout serait comme avant. J'ai pris ma décision et je n'ai de honte à avoir devant personne. Ils disaient toujours que je ne savais pas me décider, et maintenant, j'ai pris une décision et je suis satisfait. Je sais maintenant à quoi ressemble la vie, et je sais que l'on n'obtient rien sans renoncer à quelque chose. C'est justice.

Je sors mon portefeuille et l'argent de mon portefeuille, et je compte les billets. Il me reste un peu plus de trois cents marks pour poursuivre ma route. Tout est en ordre.

Je pense à la ville, à Magnus, à Irmgard et à mon travail... Je me représente tout exactement, les rues, le chemin à travers le Tiergarten, le brouillard du soir, mon appartement et la salle éclairée de la bibliothèque. Je me demande aussi si je retournerai au Walltheater.

Mais l'idée me transperce brusquement : Sibylle ne sera plus là. Je suis encore adossé à l'arbre, et j'ai soudain le sentiment que je ne dois pas lâcher prise. Mais je le savais bien. Je suis parti et je savais ce que cela impliquait. Mais je ne me le suis pas formulé clairement.

Et maintenant tout m'est indifférent, j'aimerais m'allonger sur le sol et ne plus penser à rien. Tout pourrait être fini, car Sibylle n'est plus là. Que les gens soient satisfaits de moi, que j'aie du succès plus tard, tout cela m'est indifférent. C'est ainsi : renoncement et justice. Oh, je ne comprends rien de tout cela et la douleur m'aveugle. N'avait-elle pas un enfant qu'elle aimait plus que moi ? Mais elle voulait que je l'aide, et ainsi, elle aurait pu garder l'enfant. Et elle aurait su alors à quel point je l'aimais. Il se fait tard maintenant. J'ai tellement de choses devant moi, et il est trop tard pour quoi que ce soit. Je vivrai sans Sibylle, et je ne me le suis pas encore dit clairement.

Je n'irai pas à la mer.
Je ne boirai pas avec les marins.
Je ne donnerai pas ces feuilles écrites à Sibylle.
Quand je reviendrai, elle ne sera plus là.

Postface

La *Nouvelle lyrique*, le second ouvrage de fiction publié par Annemarie Schwarzenbach, parut chez Rowohlt au printemps 1933. L'auteur allait avoir vingt-cinq ans et avait déjà publié, outre quelques nouvelles et le premier tome d'un guide de voyage non conformiste consacré à la Suisse, un premier roman paru en 1931, *Les Amis de Bernard (Freunde um Bernhard)*.

Les graves événements qui étaient en train de se produire (Hitler, rappelons-le, avait conquis le pouvoir en janvier et installait progressivement son régime), firent passer dans l'ombre la *Nouvelle* qui, écrite depuis deux ans, paraissait soudain singulièrement décalée par rapport à l'actualité. En même temps, le livre prenait un sens imprévu, celui d'un hommage au Berlin cosmopolite de la République de Weimar qui allait bientôt disparaître. Klaus Mann, l'ami intime d'Annemarie Schwarzenbach, confident et compagnon de ses dérives berlinoises, loua dans le compte rendu qu'il en fit pour un grand quotidien suisse « la légèreté, le parfum, le rythme » de l'œuvre, en même temps qu'il lui reprocha à demi-mot son « atmosphère d'insouciance sociale ». De convictions résolument antifascistes, Annemarie Schwarzenbach (qui devait accompagner Klaus Mann à Moscou en 1934 au premier Congrès des écrivains) avait, comme le héros de la *Nouvelle*, le désir de s'opposer à son milieu sans parvenir à renoncer vraiment aux facilités que celui-ci pouvait lui procurer, car elle était issue d'une très riche famille d'industriels de Zurich. S'ajoutant à ces contradictions, la difficulté de vivre librement une homosexualité qui la poussait vers la marginalité trouvait également à s'exprimer, sous le masque d'un narrateur masculin, dans ce court livre au charme pourtant puissant et à la construction subtilement contrastée.

Les lecteurs du *Tournant* connaissent bien l'étrange figure d'Annemarie Schwarzenbach, « l'excentrique héritière d'un vieux nom patricien » que Klaus Mann appelle souvent « notre petite Suissesse » (elle était également l'amie de sa sœur Erika). Ils y ont trouvé, rapportée aussi, la dédicace que lui fit un jour d'un de ses livres Roger Martin du Gard pour la remercier « de promener sur cette terre son beau visage d'ange inconsolable ». L'écrivain français saisissait ainsi, d'une formule dont Klaus Mann souligne la justesse, l'étonnante beauté androgyne de la jeune femme dont de nombreuses photographies nous ont conservé le souvenir. Ce sont ces mots: *l'ange inconsolable,* qui ont inspiré le titre de la biographie que Nicole Müller et Dominique Grente ont consacrée à Annemarie Schwarzenbach. La brièveté de sa trajectoire, ponctuée de plusieurs tentatives de suicide (elle mourut à Sils Maria en 1942 des suites d'un accident), ses nombreux voyages aux allures de fuite et les manuscrits qu'elle en a rapportés (dont l'édition est en cours depuis quelques années), les traces enfin qu'elle a laissées dans plusieurs livres, notamment *La Voie cruelle* d'Ella Maillart où elle est longuement décrite sans être nommée, tracent les contours d'un personnage attachant et fragile, tout entier voué à la littérature comme à une fatalité.

La *Nouvelle lyrique* doit son titre au désir de mener un récit aux limites du poème en prose en écartant les conventions romanesques, et en lui donnant l'aspect d'une confidence, d'un journal intime où se mêlent le présent de l'écriture (le narrateur a fui Berlin) et le proche passé des événements rapportés. L'histoire ici racontée est celle, à peine esquissée, d'un amour entre un jeune homme de bonne famille, futur diplomate, et une chanteuse de cabaret dont il ne pourra assumer le destin, une fois qu'il en aura découvert le secret : un enfant qu'elle lui propose d'adopter, « l'enfant », sans qu'on sache même, de façon révélatrice, s'il s'agit d'un garçon ou d'une fille. Plus que dans cette initiation décevante et refusée où se lit le désespoir d'une génération égarée, privée d'avenir, c'est peut-être dans le second versant du livre que réside son véritable intérêt : le récit d'une lassitude, d'un épuisement, d'une forme particulière de la mélancolie. C'est dans la façon dont le langage employé transcrit cette mélancolie maladive du narrateur que réside son « lyrisme » et sa véritable modernité : le style clair, précis, blanc, la brièveté de certains chapitres, l'impression de silence et d'incommunicabilité qui se dégage des errances nocturnes à travers Berlin, disent d'une façon vraie et neuve la souffrance de se sentir étranger au monde. Le texte semble tendre constamment vers une existence minimale des êtres et des choses, et la réalité n'est perçue qu'à travers les yeux ensommeillés d'un narrateur somnambule. La forme mobile du journal, l'instabilité de phrases en constant déséquilibre transcrivent l'impossibilité d'être véritablement présent à ce qui arrive et de se sentir exister. Mais en même temps, le narrateur semble capable, par éclairs, d'une vision extrêmement aiguë des choses, comme sous l'effet de certains stupéfiants. Dans un état constamment proche de l'anéantissement de la conscience, se mêlent ainsi une situation où la réalité semble ne plus atteindre le sujet, et des illuminations brusques et vives dont Annemarie Schwarzenbach tire ses effets les plus saisissants.

C'est peut-être que tout, ici, tient au langage, au point que l'énigmatique figure de Sibylle, la chanteuse, semble à peine réelle, tout comme madame de Niehoff (dont le nom signifie : sans espoir). Le lecteur, plus d'une fois, peut être tenté d'y voir une invention nourrie de la seule ivresse d'une écriture qui fonctionne en circuit fermé. N'est-ce pas alors la peur maladive d'un amour interdit et de ses « mille conséquences » intolérables qui semble devoir rendre compte de la souffrance ici exprimée à toutes les pages ? C'est que la fiction ne sert qu'à masquer le désir, à en différer l'aveu : à tout moment, le nom refusé de l'amour menace de briser l'ordre et le calme d'une représentation admise du monde dont le narrateur, d'autre part, ne veut plus. Reste alors, à la fois masque et aveu, le recours à l'écriture comme à la fuite. Annemarie Schwarzenbach ne comprenait guère qu'on pût lui reprocher l'apolitisme de son livre, puisqu'elle n'y avait rien caché de ses contradictions. Plus profondément, elle résumait ainsi les convictions qui commandent la composition quasi musicale de la *Nouvelle lyrique* :

« La seule chose que j'aime dans un livre, c'est la langue. Elle peut contenir des choses triviales, ou mieux encore : rien.

Je ne veux pas de protocoles. Même les faits n'ont aucune importance. Les faits, je veux les vivre ou les accomplir moi-même. »

C'est la modernité de cette écriture, plus que les défauts du récit, qui nous retient aujourd'hui : la *Nouvelle lyrique*, comme un long chant désidentifié et perdu sur le fil du temps.

Table

Nouvelle lyrique 7
Postface 89

Dans la même collection

LEOPOLD ANDRIAN
Le Jardin de la connaissance

RUDOLF BORCHARDT
Déshonneur

ALFRED DÖBLIN
Ætheria

WOLFGANG HILDESHEIMER
Masante

HUGO VON HOFMANNSTHAL
La Femme sans ombre
L'Homme difficile

GERT JONKE
L'École du virtuose
La Guerre du sommeil
La Tête de George Frédéric Haendel

ALFRED KOLLERITSCH
Allemann

LUISE RINSER
Miryam

RAINER MARIA RILKE
Lettres à Yvonne von Wattenwyl
Poèmes à la nuit
Chant éloigné

LEOPOLD VON SACHER-MASOCH
L'Amour de Platon

NELLY SACHS
Éclipse d'étoile
précédé de *Dans les demeures de la mort*

ANNEMARIE SCHWARZENBACH
Nouvelle lyrique

JOSEF WINKLER
Le Serf
Cimetière des oranges amères

Imprimerie des Presses Universitaires de France
73, avenue Ronsard, 41100 Vendôme
Imprimé en France
pour Verdier Editeur
Mars 1994 — N° 47 383